合众 The Union Automobile Books 汽车馆

总主编　吴光强

4S店汽车维修业务与接待

主　编　滕仙娟

上海科学技术文献出版社
Shanghai Scientific and Technological Literature Press

图书在版编目（CIP）数据

4S 店汽车维修业务与接待 / 滕仙娟主编 . — 上海：上海科学技术文献出版社，2016.3
（合众汽车馆 / 吴光强总主编）
ISBN 978-7-5439-6968-1

Ⅰ . ① 4… Ⅱ . ①滕… Ⅲ . ①汽车 — 修理厂 — 商业服务 Ⅳ . ① U472.31

中国版本图书馆 CIP 数据核字（2016）第 035553 号

责任编辑：祝静怡　胡欣轩
封面设计：林　勤

书　名：4S 店汽车维修业务与接待

滕仙娟　主编
出版发行：上海科学技术文献出版社
地　　址：上海市长乐路 746 号
邮政编码：200040
经　　销：全国新华书店
印 刷 厂：上海出版印刷有限公司
开　　本：710×1000　1/16
印　　张：13.5
字　　数：220 000
版　　次：2016 年 3 月第 1 版　2016 年 3 月第 1 次印刷
书　　号：ISBN 978-7-5439-6968-1
定　　价：40.00 元
http://www.sstlp.com

编委会

总主编 吴光强

主　编 滕仙娟

编　者 （排名不分先后）

滕仙娟　邵晋平

苗吉玲　许　可

邵丹昱

总序
Prologue

2015年中国汽车产销量分别为2450.33万辆和2459.8万辆，连续七年排名全球第一。随着汽车工业的快速发展，汽车界提出了产品全生命周期管理（Product Lifecycle Management, PLM）的开发理念，加强了对人才，特别是高端技能型专门人才质量与数量的需求。这无疑对汽车行业工作人员提出了更高的要求。

中国的汽车业始终是拉动国民经济的主要引擎，持续增长的消费需求掩盖了汽车行业面临的许多问题。汽车产业一直面临传统与创新的延续性问题。客户观念、社会观念、产业观念在不断演进；而汽车类图书的变革速度则相对迟缓得多。为此我们紧密结合汽车行业对汽车类从业人员的需求，以及汽车 4S 店工作人员、汽车维修工作人员、汽车营销等岗位的实际工作经验，并在此基础上进行了广泛的调研，对汽车类工作岗位进行分析和分类，按照相应岗位对汽车工作人员的职业素养和职业能力的要求，确定了本系列图书的指导思想和编写原则。

本系列图书采用最新的条例和法规，最前沿的汽车行业知识，并充分考虑汽车行业工作人员的需求，涵盖目前全国大部分汽车类行业的知识体系，体系完整，内容创新，实践性强，经过各分册编者和主审的辛勤劳动，本系列图书即将陆续面市。我们希望通过本系列图书的编写和推广，提高汽车行业工作人员的职业能力和职业素养。

本系列图书既可作为从事汽车保险、汽车维修、汽车营销、汽车评估等工作岗位人员的实际工作指导，最大限度地满足汽车行业一线工作人员的实际工作需要，又可满足广大爱车人士阅读、自修的需求。

在本套图书编写过程中，得到了行业专家、高等院校和企业家的支持与配合，在此表示诚挚的谢意！

同济大学汽车学院 吴光强教授、博士生导师

2016 年 2 月于上海

前言
Foreword

经济的稳健增长推进了汽车产业的迅猛发展，2015年，我国汽车产销量分别为2450.33万辆和2459.76万辆，从2009年开始，已连续七年蝉联全球第一。尽管中国汽车产销量仍然保持着增长势头，但汽车制造和销售利润已步入下行通道。在过亿的汽车保有量的背后，是庞大的汽车后市场，汽车市场已逐步跨入后市场时代。资料显示，每1元的购车消费会带动0.65元的汽车售后服务，汽车维修、零配件更换、翻新美容、二手车交易、废旧车拆解等，汽车后市场行业将迎来巨大的市场空间。在发达国家，60%的利润是在汽车售后服务领域中产生的，但中国目前的售后服务占比仅为12%，按照中国汽车产业规模以及汽车保有量核算，汽车后市场年均保持25%—30%的高速增长，成为汽车产业耀眼的利润增长点。

巨大的汽车后市场急需一大批应用型人才从事维修接待、保养维修、配件管理、二手车交易等工作，本书对接维修接待工作岗位，融入职业能力培养，在对汽车维修业务接待岗位调研分析的基础上提炼出本书内容，涵盖接待准备、服务预约、接待作业、维修协调、完工质检、结算交车、维修跟踪等典型工作任务。

把实际工作案例引入教材中，在案例实施部分包含流程、话术、工作情境描述，方便读者参考。此外本书还引用实际企业中常见问题及应对，如常见故障应对话术、环检中顾客常见问题处理、增项服务中的关联销售等，接轨企业工作实际，应用性和实用性强。

本书可作为汽车维修业务接待员培训用书，同时亦可供汽车维修企业管理人员和检验人员参考，还可供汽车维修专业的学生阅读参考。

由于编者经历和水平有限，难免有疏漏之处，恳请提出宝贵建议。

编　者

2016年2月于上海

目录
Contents

第一章
接待准备

第一节 汽车售后服务认知

一、服务的内涵

1. 服务的定义

去银行存款、乘飞机旅行、租用旅馆的客房、理发、请人修理汽车、观看职业体育比赛、看电影、去干洗店洗衣服、请律师提供咨询，所有这些内容，均涉及购买服务，可见服务与生活息息相关。

人们对服务的定义众说纷纭：美国市场营销学会将服务的定义为“用于出售或者是同产品连在一起进行出售的活动、利益或满足感”；北欧著名服务营销专家格朗鲁斯认为“服务是指或多或少具有无形特征的一种或一系列活动，通常发生在客户同服务的提供者及其有形的资源、产品或系统相互作用的过程中，以便解决客户的有关问题”；菲利普·科特勒对服务的定义为“服务是一方能够向另一方提供的基本上是无形的任何活动或利益，并且不导致任何所有权的产生。它的产生可能与某种有形产品相联系，也可能无关联。”上述有关服务的描述的核心是“出售活动与利益，满足客户需求”，体现了服务无形、互动、有偿的特征。可以说，商业上的服务是指有偿的，为他人的利益而工作的活动。

2. 服务的特点

（1）服务的无形性

服务的第一特性便是无形性，它是一系列的行为和过程。在购买一项服务前，客户无法触摸、尝试、聆听，因为服务不具备有形产品那样的体积、重量、长度、大小或者味道等特性。服务有时需要借助一定的实体作载体，但这些实体并不是服务的本质。例如餐饮服务需以菜肴、点心、酒水为载体提供烹饪服务、就餐服务、舒适服务；银行服务以存折、银行卡为载体，提供存贷款服务、投资理财服务；汽车维修服务以检测设备、零配件为载体提供保养维修服务。

（2）服务的即时性

服务的即时性表现在两方面：一是服务的同步性，即服务的生产过程与服务的消费过程同步发生，服务人员提供服务之时也正是客户消费服务之时，生产、流通和消费同时进行、紧密相连，这是服务的核心特性。服务本身是一系列活动或过程，在服务过程中消费者和生产者必须直接发生联系，生产过程也就是消费的过程，客户只有而且必须加入到服务的生产过程中才能最终消费服务，即生产开始的同时，流通和消费也随之开始，生产结束，流通与消费也随之结束。二是服务的易逝性，又称服务的不可存储性，即服务不能在生产后储存待售，客户也无法购买后储存，当购买或消费服务结束后，服务也随即消失，不能在时间或空间上将服务保存起来。

（3）服务的异质性

服务具有高度的异质性，服务的构成成分及其质量水平经常发生变化，很大程度上受提供服务的时间、地点及人员等因素的影响。一方面，由于人类个性的存在，提供服务的人员态度、修养、技术水平的差异将导致服务质量与效果的差异，即使相同的服务人员，在不同状态下，提供的同一项服务也会有不同的水准。另一方面，由于客户直接参与服务生产与消费过程，因此客户的知识水平、兴趣爱好也会直接影响服务的质量和效果。

二、有关汽车服务的内涵

1. 汽车服务的含义

汽车服务是指将汽车相关的要素同客户进行交互或由客户对其占有的活动集合，根据汽车使用过程中服务范围的不同，有广义与狭义之分。

狭义的汽车服务是指从新车进入流通领域，直至使用、回收、报废等各个环节所涉及的各类服务，包括销售咨询、广告宣传、贷款与保险资讯等营销服务，也包括整车出售后汽车使用过程中的维修保养、车内装饰、金融服务、事故保险、索赔咨询、旧车转让、废车回收、事故救援和汽车文化等服务。

广义的汽车服务可以延伸至汽车生产领域，如原材料供应、产品开发、设计、质量控制、产品外包装设计以及市场调研等。

2. 汽车服务工程的含义

汽车服务工程指新车出厂后进入流通、销售、购买、使用直至报废回收的整个流程中各环节各类服务工作组成的有机服务体系，包括汽车技术服务、汽车贸易服务、汽车金融服务、汽车文化服务、汽车政府公共服务、汽车延伸服务等，具体如表1-1所示。

表1-1 汽车服务工程体系

类别	内容
汽车技术服务	维修服务、售后服务（以质量保修为核心）、检测服务、美容与装饰服务、产品试验与认证、再生与回收解体服务
汽车贸易服务	汽车营销、二手车交易、进出口贸易、配件经营、物流配送等
汽车金融服务	信贷服务、租赁服务、保险服务
汽车文化服务	俱乐部、汽车运动、静态文化和动态文化服务
汽车政府公共服务	智能交通服务（以交通导航为核心）、政策与法律管理（以保护产业发展和规范市场环境为核心）
汽车延伸服务	信息资讯服务、驾驶培训服务、场地服务、故障救援服务、广告与会展服务

3. 汽车售后服务的含义

汽车售后服务是指客户在购车之后，从车辆使用到报废之间所产生的系列活动，包括维修保养、汽车美容、车内装饰、金融服务、保险索赔、二手车交易、事故救援等。本教材所阐述的汽车售后服务主要指汽车技术服务，以维修保养为重点。

汽车售后服务所形成的市场称为汽车后市场，主要业务如表1-2所示。

表1-2 汽车后市场业务

序号	业务名称	内容
1	汽车美容	车表美容护理，车内翻新护理，高级护理
2	汽车装饰	贴膜、铺地胶、加装各种设施等
3	汽车养护	以日常养护为主，如更换机油、加防冻液、更换三滤、更换雨刮、变速器止漏、清洗更换刹车片、空调检测及添加氟利昂、检查电瓶等；附加项目主要有燃烧系统检测、润滑系统维护、冷却系统免拆清洗、电脑检测及解码、发动机维护、尾气达标等
4	汽车电子	主要产品有防盗器、倒车雷达、中央门锁、车载电话、GPS、电动门窗、自动天线、车载冰箱、胎压检测器、电压转换器、各部位车灯、车载应急灯、后视系统等
5	汽车娱乐影音系统	包括车载电视、CD、VCD、DVD、喇叭、低音炮、显示器、电子游戏系统等
6	汽车改装	主要包括汽车外观改装、汽车性能提高改装、赛车按标准改装三大类别

（续表）

序号	业务名称	内容
7	汽车饰品类	个性饰品、专用饰品
8	汽车轮胎服务	主要包括更换轮胎、轮胎平衡、四轮定位、快速补胎、专业补胎、轮胎冲氮气、轮胎保养等
9	汽车专业维修	包括对汽车各部位的维修，主要是对车身、底盘、发动机、电气系统等方面进行全面系统的维修
10	汽车上使用办公用品	高端公务商务车上的办公用品主要有车用办公桌椅、车用电脑、车用打印机、车用传真机、车载电话等
11	汽车租赁	包括租赁、转租赁、车辆托管等
12	车主俱乐部	为车主提供一系列汽车类服务，如代办保险、验车、泊位、换领驾照、管家提醒、代（补）交养路费、理赔、驾车出游、车友会等
13	二手车业务	二手车直接购买、销售，二手车中介、评估、暂保管，二手车代过户、置换，二手车代保养等
14	汽车文化	汽车模型、汽车体育、汽车知识、汽车报刊、汽车书籍、汽车影视、汽车车迷、汽车与社会等
15	汽车融资	汽车信贷、消费信贷
16	汽车广告	报纸、杂志、电台、电视台、户外、单页、比赛赞助等
17	汽车资讯	包括市场调查、市场分析、行业动态、政策法规、汽车未来等
18	汽车培训	汽车驾驶培训、汽车行业从业人员培训、汽车行业管理者培训
19	汽车电子商务网站	包括新车销售电子商务、二手车电子商务、汽车商务租赁电子商务、汽车用品电子商务、整车其他相关服务电子商务

三、汽车售后服务的价值链分析

1. 波特的价值链理论

哈佛大学商学院教授迈克尔·波特于1985年提出“价值链”理论。 波特把公司在原材料采购、产品研发、生产作业、销售服务等营销活动中相互联系的营销行为所构成的链条称为价值链，认为它是一个创造价值的动态过程。波特认为“每一个企业都是在设计、生产、销售、发送和辅助其产品的过程中进行种种活动的集合体。所有这些活动可以用一个价值链来表明。”

对价值链的具体理解如下：企业的价值创造是通过内部后勤、生产作业、市场和销售、采购、技术开发、人力资源管理、企业基础设施等基本活动和辅助活动来完成的；价值链在各经济活动中具有普遍性，行业价值链在上下游关联的企业之间存在，企业价值链在企业内部各业务单元的联系中形成；价值链上的每一项价值活动都会对企业最终能够实现多大的价值造成影响。

波特的“价值链”理论揭示了企业与企业之间的竞争，不只是某个环节的竞争，而是整个价值链的竞争，而整个价值链的综合竞争力决定了企业的竞争力。用波特的话来说，“消费者心目中的价值由一连串企业内部物质与技术上的具体活动与利润所构成，当你和其他企业竞争时，其实是内部多项活动在进行竞争，而不是某一项活动的竞争。”

名人名言

波特说：“消费者心目中的价值由一连串企业内部物质与技术上的具体活动与利润所构成，当你和其他企业竞争时，其实是内部多项活动在进行竞争，而不是某一项活动的竞争。”

2. 汽车价值链

汽车产品整体概念认为汽车产品包含核心产品层、形式产品层、期望产品层、延伸产品层、潜在产品层等五大层次。汽车产品既包括满足顾客代步出行的基本效用，也包括顾客对舒适车厢、完备安全保障、便捷设备设施等的期望，以及对储运、维修、保养等延伸服务的需求。

生产厂商把汽车制造出来，进入市场进行销售，消费者根据自身对汽车知名度、美誉度的理解和定位进行购买。一旦消费者产生购买行为，那么无论汽车的核心产品、有形产品还是期望产品均归属于消费者，虽然汽车产品的大部分作用都已经发生了转移，但延伸产品层的价值传递才刚刚开始。在消费者使用汽车的过程中，维修、保养、保险、置换等售后服务贯穿始终。汽车产品的整体概念把汽车生产者、汽车销售者、汽车消费者紧密联系在一起，形成完整的汽车价值链。汽车产品整体概念中不同的产品层在价值链中所处的层次不同，所受的关注程度不同的，创造价值的能力也不同，并且这种创造价值的能力将随着汽车工业的发展发生变化。

汽车市场正新兴成长的国家较关注汽车核心产品的研发以及有形产品的

制造，因为汽车产品价值的产生主要集中在这一方面；而汽车市场已经成熟的国家，其汽车市场获利方式已开始转向延伸产品，即汽车售后服务领域。随着科学技术的飞速发展，汽车价值链中核心产品层、形式产品层的微利时代已经来临，利润增长点也开始转向汽车延伸产品层、汽车潜在产品层。

3. 汽车售后服务在汽车产业价值链中的地位

从全球汽车产业的发展规律来看，在汽车普及的过程中，汽车产业的利润主要集中在汽车设计、汽车生产等前端领域，但在汽车普及周期接近完成或完成之后，汽车产业链的利润格局出现了新的变化，这一方面是因为汽车市场供过于求，市场竞争激烈，将汽车企业盈利水平整体拉低，同时汽车产品的相似度越来越高，成本与质量大致相当。为了开发新的利润增长点，解决产品同质化问题，汽车厂商开始把眼光转向企业下游市场，汽车产业价值链的利润将向汽车售后服务、汽车快速消费品等后端转移。有资料显示，国际上汽车业正常的利润来源中，汽车销售所占比例只有10%，售后服务却高达50%，零部件销售占10%，二手车经营占20%。日本汽车销售协会的统计资料显示，在日本新车销售行业，平均每个销售服务点的新车销售额大约是65亿日元，而其售后服务营业额是21亿日元，虽然售后服务营业额只占了新车销售额的三分之一，但是售后服务收益却比销售新车的收益多出了近8亿日元。

汽车售后服务是汽车产业价值链中最后的且最重要的环节，是汽车产业价值链的利润增长点，也是生产厂商与消费者之间沟通的桥梁，通过良好的汽车售后服务能树立企业形象、提高产品信誉、培养客户忠诚，从而反过来对产品销售、市场推广、品牌影响起到支持和促进作用。

四、汽车售后服务企业管理

1. 汽车服务企业组织机构

汽车服务是一个非常复杂的过程，面对完全不同的各类客户，一家成熟的汽车服务企业要具备一套完善的组织机构。汽车服务企业组织结构是指汽车服务企业组织内部各个部门的方式以及各部门构成要素间相互作用的方式，可以确保有效、合理地调动组织成员的积极性，履行和承担社会责任，实现组织的共同目标。

（1）汽车服务企业组织机构设计原则

汽车服务企业组织机构设计与外界环境、组织的性质、特点、规模息息相关，它以协调组织中人与事、人与人的关系，最大限度地发挥人的积极性，提高工作绩效，更好地实现组织目标为基本目的。在设计汽车服务企业组织机构时，应依据以下几个基本原则。

①系统整体性原则

组织结构的设计应站在整体的高度，以系统的观点使企业各层次、各部门、各职位形成相互配合、相互协作的关系，并把它们联结成整体。

②权责一致原则

权责一致原则强调承担多大的责任，就应授予多大的权力，即必须根据管理者职位所承担的责任大小授予其相应的权力。在实施过程中必须防止两种偏差：一种是有责无权或责大权小，致使无法履行职责，无法完成工作目标；另一种是有权无责或权大责小，容易导致管理者滥用权力、滋生腐败和官僚主义。职权、职责和职务是对等的，如同一个等边三角形一样，一定的职务必须有一定的职权和职责与之相对应。

名人名言

西方古典管理理论代表人物亨利·法约尔曾说："有权力的地方，就有责任。责任是权力的孪生物，是权力的当然结果和必要补充。"

③有效管理幅度原则

管理幅度是管理者能够直接有效地指挥监督其直接下级员工的人数。由于受精力、知识、经验条件的限制，一名领导人能够有效领导的直属下级人数是有一定限度的。有效管理幅度不是一个固定值，它受职务的性质、人员的素质、职能机构健全与否等条件的影响。这一原则要求在进行组织设计时，将领导人的管理幅度控制在一定水平，以保证管理工作的有效性。由于管理幅度的大小同管理层次的多少呈反比关系，这一原则要求在确定企业的管理层次时，必须考虑到有效管理幅度的制约，因此，有效管理幅度也是决定企业管理层次的一个基本因素。一般认为高层管理幅度为5—8人，中层为8—15人，基层为15人以上。为避免管理效率下降，在管理幅度超过限度时，应增加管理层次。

④集权与分权相结合原则

集权与分权指决策权的集中化和分散化。设计组织机构时，既要有必要的权力集中，又要有必要的权力分散，两者不可偏废。集权是大生产的客观要求，它有利于保证组织的统一领导和指挥，有利于人力、物力、财力的合理分配和使用；而分权是调动下级积极性、主动性的必要组织条件。合理分权有利于基层根据实际情况迅速而正确地做出决策，也有利于上层领导摆脱日常事务，集中精力抓重大问题。因此，集权与分权是相辅相成的。没有绝对的集权，也没有绝对的分权。企业在确定内部上下级管理权力分工时，主要考虑的因素有：企业规模，企业生产技术特点，各项专业工作的性质，各单位的管理水平和对人员素质的要求等。

小知识

影响集权与分权程度的主要因素有：

①企业规模。规模大，则分权较多；反之则集权较多。

②生产经营特点。企业各生产环节之间协作和联系比较紧密，则集权较多；反之，则分权较多。

③市场状况。市场面小，且稳定少变，宜于集权；市场复杂多变，且市场面大，则宜分权。

④管理人员素质。管理人员素质高，宜分权；反之，宜集权。

⑤控制手段的完善程度。控制手段强的，宜分权；相反，则应集权。

（2）汽车服务企业组织机构的基本形式

目前，汽车服务企业组织机构的基本形式主要有以下几种：直线制、职能制、直线职能制、事业部制、矩阵结构。

①直线制组织结构

直线制组织结构中，各级职位按垂直方向依次排列，命令传递和信息沟通只有一条直线通道，任何下级都只受各自唯一上级的领导，直线制组织结构如图1-1所示。

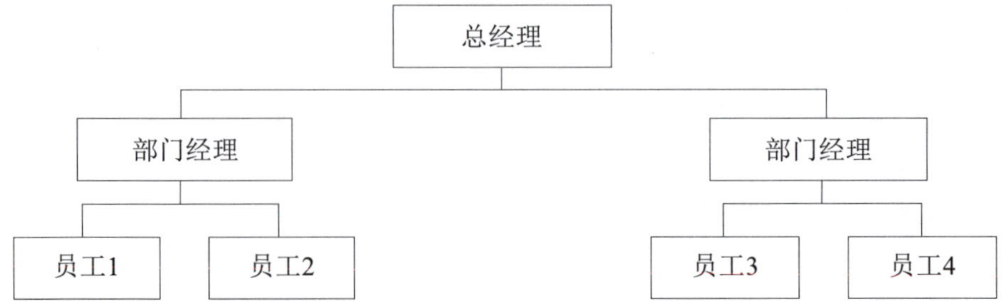

图 1-1 直线制组织结构

②职能制组织结构

职能制组织结构按不同管理职能设立职能部门，负责各自职能范围内的业务管理，下级除接受直线上级管理者的领导外，还必须接受其他职能部门的领导，职能制组织结构如图1-2所示。

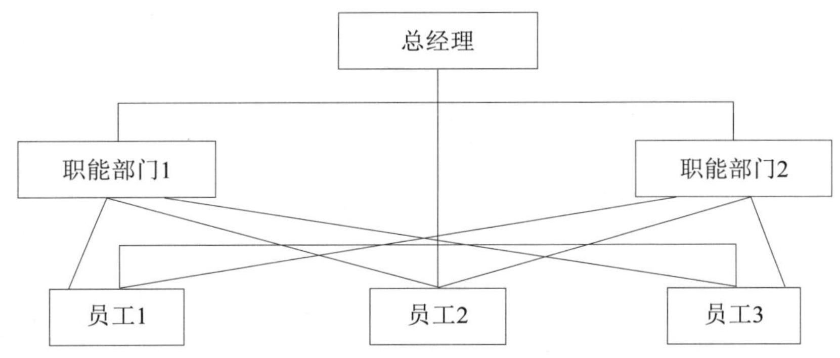

图 1-2 职能制组织结构

③直线职能制组织结构

直线职能制的主要特点是：由直线部门构成指挥命令系统，管理所属下级，对本部门负全面责任；按专业分工原则设立的职能部门，构成参谋系统，充当直线人员的参谋，他们对直线部门没有任何指挥命令权，只能向直线部门提供建议和业务指导。直线职能制组织结构如图1-3所示。

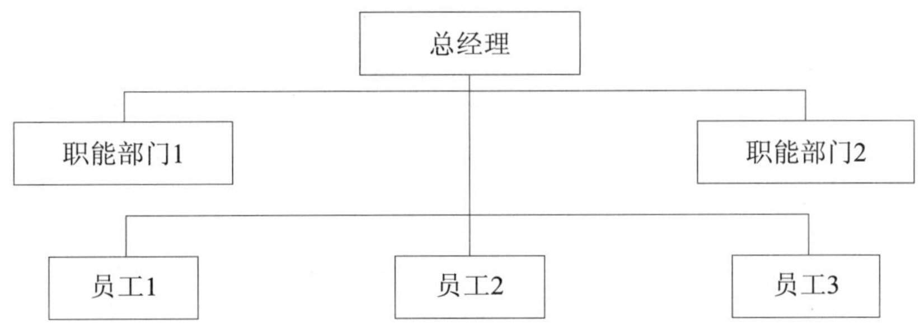

图 1-3 直线职能制组织结构

④事业部制组织结构

事业部制结构的关键特点是把企业划分成若干个相对独立的事业部，各事业部拥有各自独立的产品和市场，是独立核算、自负盈亏的利润中心，在最高管理层设计的统一发展战略框架中，可运用自主经营权、财务独立性，谋求自我发展。事业部制使企业实现了“集中决策，分散经营”的理念，适用于大规模、多样化经营、连锁经营的企业。事业部制组织结构如图1-4所示。

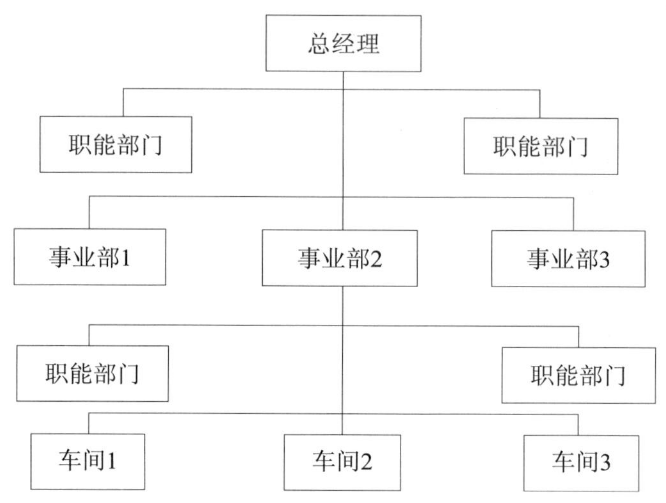

图 1-4 事业部制组织结构

⑤矩阵结构组织结构

矩阵结构在直线职能制基础上，增设了横向的项目管理系统，两者结合组成了若干小组。小组的成员既隶属于各自的职能部门，又接受小组领导的直线指挥。矩阵结构组织结构如图1-5所示。

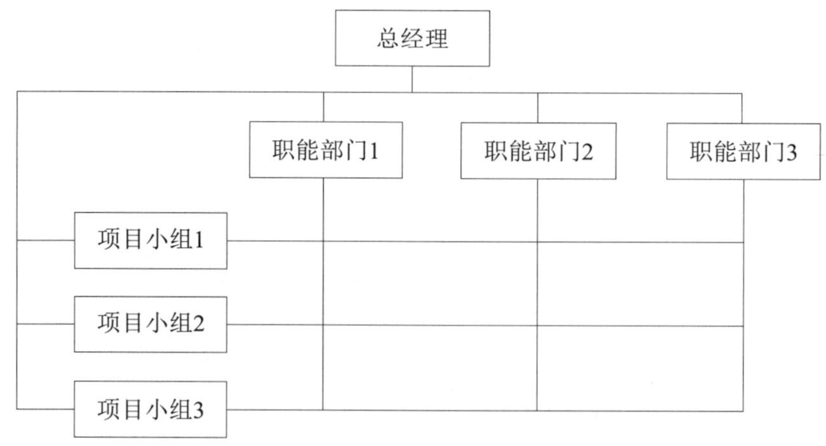

图 1-5 矩阵结构组织结构

矩阵结构的优点是加强了各部门之间的通力协作与横向交流，缺点是存在明显的双重领导，容易出现意见分歧、协调困难等问题。

矩阵结构组织结构特别适合产品种类多、变化大，以研究、开发、创新为主的企业。

例1：保时捷4S店企业部门结构组织

总经办（总经理、总经理秘书、保险金融专员）

销售部（销售经理、销售协调、销售行政、销售前台、销售顾问、整车库管、上牌员、展车清洁员）

售后服务部（售后经理、售后行政、服务顾问、服务顾问助理、吧台接待、总检技师、机电技师、配件主管、配件专员、索赔专员、钣喷主管、钣金技师、油漆技师、工具管理员）

行政部（行政经理、行政专员、驾驶员、IT专员、物业工、总务专员、保安队、清洁队）

财务部（财务经理，会计员）

市场部（市场部经理、市场策划、市场专员）

人力资源部（人力资源部经理、人力资源专员）

例2：东风悦达起亚汽车销售服务有限公司组织结构（图1-6）。

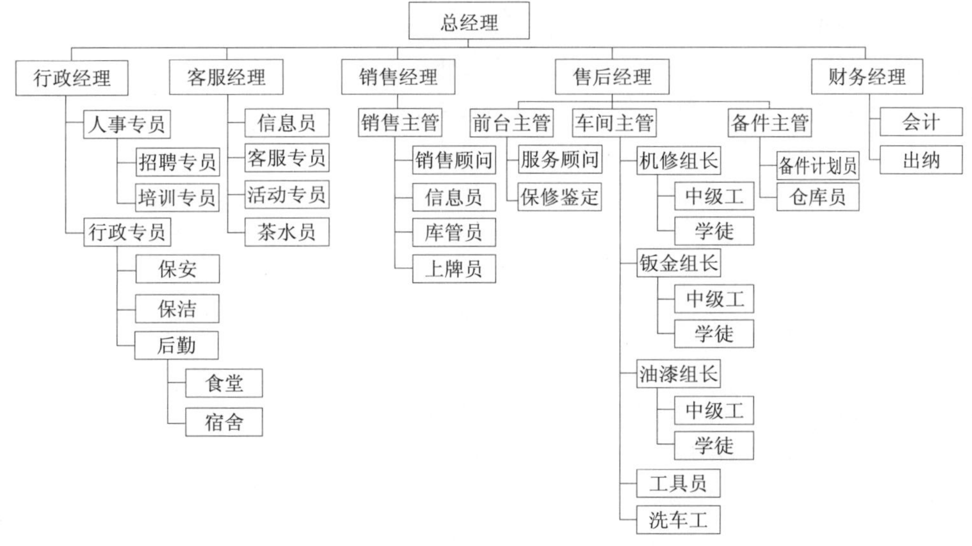

图 1-6 东风悦达起亚汽车销售服务有限公司组织结构图

例3：某汽车售后服务组织机构（图1-7）。

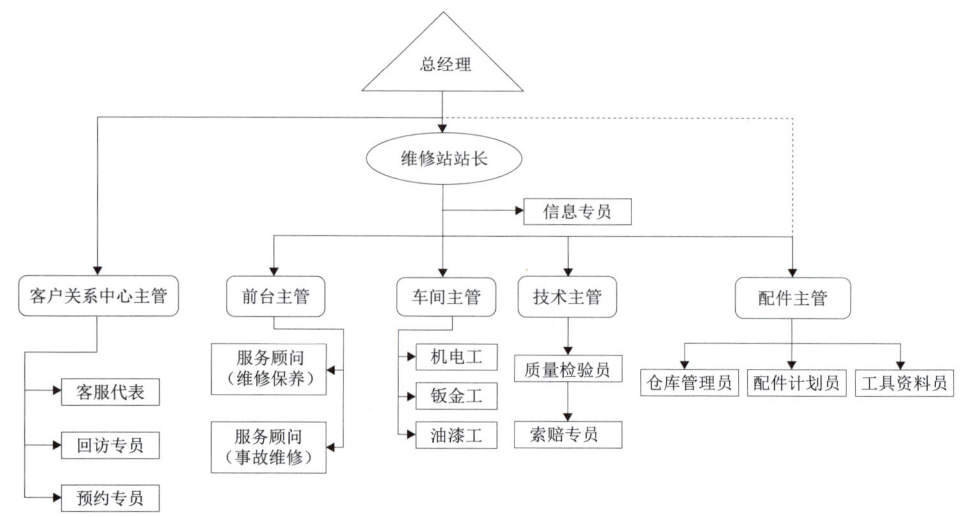

图 1-7 某汽车售后服务组织机构

2. 汽车服务企业主要管理岗位职责

汽车服务企业的主要管理岗位有总经理、销售经理、售后经理、行政经理、财务经理和人力资源部经理，各职位职责如下。

（1）总经理

汽车服务企业总经理主要主持4S店的日常经营管理工作，实现汽车企业的服务经营管理目标和发展。汽车服务企业的总经理岗位职责主要有以下10个要点：

①全面主持企业内的日常经营、管理工作（整车销售、维修、配件销售等）；

②根据对市场和行业现状、发展趋势的调研与分析，结合企业战略规划，制定中长期发展战略规划，组织实施企业的年度经营计划和发展规划；

③组织制定年度预算及年度工作计划并有效地分解成月工作计划，通过检查、调控、监督和考核等过程管理，保障各项计划及指标的完成；

④完善企业内的各项管理，健全岗位职责目标，持续改进各项业务流程，对经营过程实施有效的监督、指导、考核，并保证企业可持续发展；

⑤负责企业内的公共关系、厂家关系沟通，网点经销商开发、支持，组织经济协议洽谈和经济合同签订；

⑥负责协调组织完成公司安排的活动；

⑦负责市场信息发布、宣传推广、客户拓展和服务联络等工作，组织市场调研，挖掘市场潜力，扩大市场份额；

⑧推动各项规章制度的建设和完善，量化管理流程，严格推行公司的管理体制；

⑨协调、激励所属部门的工作，并严格进行量化考核；

⑩对所属员工的工作持支持鼓励态度，通过培训、考核，打造团结、高效、优质、和谐的团队。

（2）销售经理

销售经理在总经理的领导下，负责销售部的工作，带领销售人员完成汽车销售任务。以4S店为例，汽车销售经理的岗位职责与工作内容主要有：

①每日向总经理汇报前日工作情况和当日工作安排；

②传达上级领导的指示和要求，并监督实施；

③安排销售顾问每天的工作和交车事宜；

④帮助销售顾问做好接待工作，要求销售顾问每天打回访电话，跟踪每一位潜在客户；

⑤依照制度安排试乘试驾人员进行试车，并注意保障安全；

⑥负责展厅及车辆卫生；

⑦定期安排销售顾问进行职业技能培训和学习；

⑧掌握竞争车型的情况，及时向公司领导汇报；

⑨负责协调展厅所有人员的工作，协调销售顾问和其他部门的工作；

⑩完成上级领导交给的其他工作。

（3）售后经理

售后服务经理负责确保售后服务工作的有效进行，保证随时满足客户的需求，激励和培训员工有效地开展工作，开发和改进工作流程及方法，推进业务发展。汽车服务企业的售后服务经理岗位职责有：

①负责监督、指导业务接待员的具体工作并做月度考核；

②负责索赔事务，严格按照授权公司索赔政策正常运作；

③负责参与重要客户和付出万元以上金额的客户的相关工作；

④制定、安排和协调具体的售后服务工作，协调业务接待、索赔专员、收银员、维修车间员工、配件管理人员之间的关系，保证全部员工拥有良好的工作状态；

⑤严格按照公司运作标准或相关要求开展工作；

⑥定期对本部门的工作进行审核及改进，积极开展和推进各项业务，控制管理及运作成本，完成内部拟定的工作目标；

⑦做好业务统计分析工作，定期填写并上报各类报表；

⑧负责控制和提高车间维修质量，控制安全生产成本及环境管理等质量管理体系相关工作；

⑨组织本部门开展各项相关活动，定期召开会议，推进各项售后工作的优化；

⑩负责公司各项制度在本部门的宣传及相关信息的传递。

（4）行政经理

招聘专业汽车人才是行政经理的重要岗位职责之一。筛选、留住优秀的汽车人才，合理配置汽车人才岗位，是行政经理的一项重要技能。在面试过程中，行政经理通过询问应聘者个人职业规划、工作经验、对待工作的要求、价值观、个人素质与能力等，判断其是否认同本企业的企业文化，是否符合本企业对岗位人才能力的要求。

行政经理除了学习企业的相关资料外，还应该针对不同的汽车人才进行合理的培训。对于刚刚招聘的汽车人才，行政经理应该从5W1H的方面进行培养。What——告诉汽车人才需要做什么事。To Whom——他应该向谁汇报工作。Why——他为什么要做这项工作。Where——具体的工作地点在哪里？When——他应该在何时完成工作。How——汽车人才应该怎样去执行工作。通过5W1H可以让汽车人才了解自己的岗位职责。为了提高汽车人才的工作效率，行政经理应该对汽车人才做合理的绩效考核，通过考核，可以提高员工的办事能力，一定的奖励可以留住员工。考核可以围绕企业制度、激励方式、企业指标等来设计。随着企业的不断发展，行政经理要时刻关注人力资源的发展趋势，并进行及时调整，为企业的发展注入新的血液。

（5）财务经理

财务经理主要负责公司资金、资产的筹集、调拨、划转、保管等。汽车服务企业的财务经理岗位职责主要有以下几点：

①全面负责财务部的业务工作；

②组织编制或修订公司总体预算、决算，编制预算制定程序；

③组织开展公司财务管理、资产管理、成本管理、预算管理等方面的工作，并对其监督，促进财务体系的规范化和可靠化；

④实施、监督公司资金收支管理等方面的工作，组织实施内部财务审计；

⑤负责建立、健全公司会计核算方面的财务制度和规定，并组织实施和监督；

⑥负责编制各类财务会计报表，撰写财务分析报告，提出改进公司经营的合理化建议；

⑦编排并审核企业收付款计划，合理调配企业资金；

⑧制订公司融资活动计划，上报批准后组织实施工作，并监督执行情况；

⑨负责公司基本建设项目、技术改造项目的往来账业务核算，管理财务信息化建设；

⑩指导财务部员工的工作，实施员工培训，提高员工的业务水平；

⑪对财务部所提交的报告、报表等的准确性和及时性负责，对本部门内部档案资料的安全、完整、保密负责；

⑫完成上级交办的其他工作。

（6）人力资源总监

人力资源总监主要负责规划、协调公司的人力资源战略与组织建设，促进公司经营目标的实现。汽车服务企业的人力资源总监岗位职责主要有：

①全面统筹与规划公司的人力资源战略；

②建立并完善人力资源管理体系，制定和完善人力资源管理制度；

③向公司决策者提供有关人力资源战略、组织建设等方面的建议，提高公司的综合管理水平；

④塑造、维护、发展和传播企业文化；

⑤制订公司人力资源发展的各项规划，并监督各项计划的实施；

⑥为公司主管以上的管理者进行职业生涯规划设计；

⑦及时处理公司管理过程中的重大人力资源问题；

⑧完成总经理交办的各项工作任务。

3. 汽车售后服务企业7S管理

诸多汽车售后服务企业实施在日本5S基础上发展而来的7S，以此避免汽车服务企业机器设备、工具等放置不当、保养不当；保证材料、半成品、成品、不良品区域清晰，放置合理；保持工作场所清洁、整齐、有序；防止机械设备空转、物品闲置等浪费现象。实施7S管理能有效提高工作效率，改善工作作风，保证维修服务质量；缩减物料成本和时间成本，有效防范风险，确保员工人身安全，避免企业财产损失；提升企业形象与品牌形象。

所谓的7S是指“整理”（Seiri）、“整顿”（Seiton）、“清扫”（Seiso）、“清洁”（Seiketsu）、“素养”（Shitsuke）、“安全”（Safety）、“节约”（Saving）。汽车服务企业通过7S管理培养员工的主动性和合作精神，创造适宜工作环境，从而提高企业管理水平，改善企业经营状况，使企业形成自主改善的机制。7S具体内容如表1-3所示，7S管理内容如表1-4所示。

表1-3 7S具体内容

构成要素	要求	根据
整理	区分必需品和非必需品，定期处置非必需品	要与不要，一留一弃
整顿	定位必需品，明确数量并准确标识，减少查找时间	布局合理，省时省力
清扫	保持岗位无垃圾、无灰尘，干净整洁	清除垃圾，美化环境
清洁	将整理、整顿、清扫进行到底，维持前3S的成果，并使之制度化、标准化	形成制度，贯彻到底
素养	培养遵守规章制度、积极向上的工作态度，形成文明作业和团队精神	形成习惯，文明作业
安全	清除事故隐患，保障员工人身安全，保证生产正常运行	规范操作，安全第一
节约	合理利用时间、空间和能源、材料，发挥其最大效能	物尽其用，提高效率

表1-4 7S管理内容

区域	7S管理内容	责任人
维修接待区外部	标识清晰、无破损	保安
客户停车区	引导线清晰，指示明确	服务经理
竣工区	地面干净，无明显纸屑、烟蒂等杂物	保安
待修区	护栏干净、无明显脱漆、起皮	服务总监
维修接待厅	地面清洁、无明显脚印、水痕、纸屑	保洁
	桌牌摆放到位、无破损，引导牌清晰	服务经理
	桌面整洁、物品摆放整齐，无不相干物品	服务顾问
	电脑、打印机清洁无尘	服务顾问
维修车间	车间设备、设施定置摆放	车间主管
	设备设施定位摆放标识牌	车间主管
	地面整洁、标识线清晰准确	车间主管
	灭火器配置合理且在有效期内	车间主管
	引导牌清晰，位置合理	车间主管
	安全操作提示牌位置合理、清晰	车间主管
	设备设施管理标牌标明设备名称、设备编号、管理人、启用时间、维护周期	车间主管
	安全警告标识牌位置合理、清晰	车间主管
	设施设备外表干净	维修技师
	专用工具柜定置摆放	工具管理员

（续表）

区域	7S管理内容	责任人
专用工具室	专用工具定置摆放且有单个标牌	工具管理员
	量具、仪器、仪表单独摆放	工具管理员
	不存放油品、旧件	工具管理员
	桌面整洁无不相干物品	工具管理员
钣喷车间	油漆按专用货架摆放	车间主管
	辅料分类摆放	车间主管
	货架标识醒目清晰	车间主管
	个人防护用具干净、完好	维修技师
	氧气乙炔气瓶间隔不小于3米	车间主管
	旧件分车摆放，并有明显标识	维修技师
	禁止烟火标识醒目，灭火器配置合理有效	车间主管
	油品库使用防爆灯具，有明显禁火标识	配件经理
配件库房	道路畅通，标识线清晰	配件经理
	玻璃制品、橡胶制品按专用货架摆放	配件管理员
	货架标识清晰	配件管理员
	旧件单独另设区域摆放，并及时清理	配件管理员
	警告标示、引导标识清晰	配件经理
	预约配件标牌清晰明确，单独另设区域摆放	配件管理员

4. 汽车售后服务企业PDCA循环管理

PDCA循环管理体现了汽车服务企业持续改进管理理念，借此提高服务质量，改善经营管理的愿望。Plan指计划，在调研、分析基础上确定目标措施；Do指行动，执行计划；Check指检查，及时对计划的执行情况进行监督和调整；Action 指处置，采取措施标准化并持续改进直至转入下一个循环，如图1-8所示。

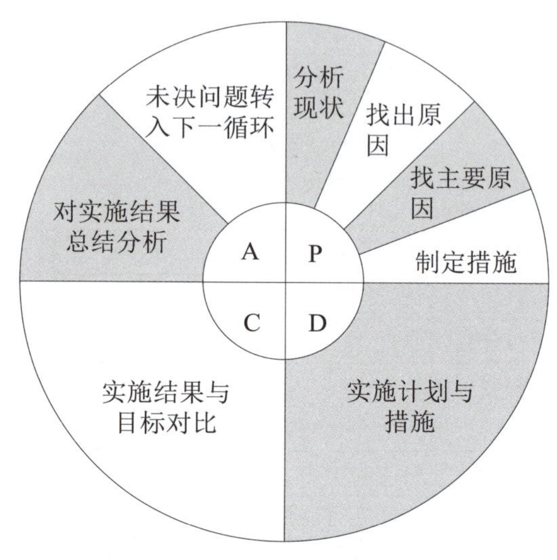

图 1-8 PDCA管理循环

PDCA循环中大循环套小循环，整个汽车服务企业的工作作为一个大的PDCA循环，各个部门、班组又有各自小的PDCA循环，大环带动小环，一级带一级，有机地构成企业运转体系。每一次PDCA循环都会促进汽车售后服务水平阶梯式上升，每循环一次，就解决一部分问题，取得一部分成果，服务水平得到提升，而到了下一次循环，又会有新的目标内容，推动企业持续改进，整体水平阶梯式上升。PDCA管理循环的特点如图1-9 所示。

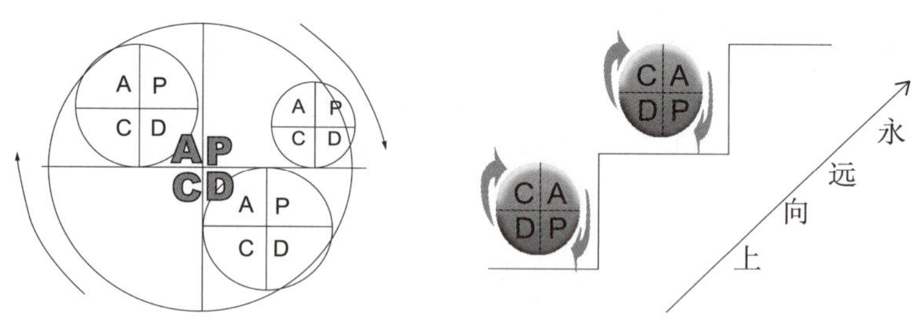

图 1-9 PDCA管理循环特点

5. 汽车售后服务企业售后能力

汽车售后服务企业售后能力指的是汽车售后服务企业具备开拓新客户、与客户持续保持并增进良好关系，不断提升客户满意度，从而实现企业盈利的能力水平。汽车售后服务企业售后能力具体包括业务能力、管理能力、市场能力、盈利能力等四个方面，每种能力都有对应的衡量指标，汽车服务企业售后能力内涵指标如表1-5所示。

表1-5 汽车服务企业售后能力内涵指标

序号	具体能力	内涵指标		部分指标描述
1	盈利能力	维修盈利	工时收入：工时产值比 备件收入：备件毛利率 料工比 钣喷收入：钣喷产值占比 养护收入：养护产值占比 定保、维修、钣喷台次比例 定保、维修、钣喷台次比例 维修套餐卡收入 单车产值	工时产值比＝工时收入÷产值收入×100%（反映维修人员创造价值，比较纯的利润，参考值30%—40%） 备件毛利率＝（备件销售收入－备件成本）÷备件销售收入×100%（反映备件的盈利水平，取决于主机厂，一般值为15%—25%） 料工比＝备件销售收入÷工时费收入，料指产值收入中所含备件的销售收入，工指产值收入中所含工时费的收入
		服务收入	保险收入：投保率、续保率 会费收入：入会率、续会率 车务服务收入：服务比	续保率＝续保台次÷上年在保基数×100%，反映保险客户对服务企业保险服务或售后服务的认可度，参考值为80%
		盈利漏洞	维修私单：维修单据项目抽检符合率 死库存：死库存比例 私自打折：折扣单比例	死库存比例＝无用途物料÷库存总量×100%
		综合指标	售后毛利率 服务吸收率	服务吸收率＝售后毛利÷运营店总运营费 ×100%，测算售后服务对专营店的贡献度 售后毛利率＝售后毛利÷售后总收入×100% 售后毛利＝售后总收入－售后总成本（配件成本、油漆附料、人工成本），一般为40%—50%

（续表）

<table>
<tr><th>序号</th><th>具体能力</th><th colspan="2">内涵指标</th><th>部分指标描述</th></tr>
<tr><td rowspan="5">2</td><td rowspan="5">业务能力</td><td>服务流程及设施</td><td>客休区
接待区
流程
服务核心流程执行率</td><td>服务核心流程执行率＝执行项目数÷应执行项目总数×100%</td></tr>
<tr><td>客户满意度</td><td>回访成功率
投诉率
回访满意率
电话调查满意度纵向/横向对比
满意度与全国/区域平均值对比</td><td>回访满意率＝（1－回访不满意数÷成功回访数）×100%，反映了顾客对售后服务企业维修质量、服务水平等的满意度，是对售后服务企业绩效评价的关键指标之一</td></tr>
<tr><td>预约</td><td>预约率
预约达成率</td><td>预约率＝（当月预约入库的免费保养＋付费保养的工单数）÷（当月免费保养＋付费保养的工单数）×100%
预约达成率＝预约进站客户数÷进站客户总数×100%</td></tr>
<tr><td>备件</td><td>呆滞库存比例
备件周转率
备件满足率
备件平均库存</td><td>呆滞库存比例＝呆滞库存备件成本÷总备件库存成本×100%，7个月以上未能售出的库存备件为呆滞库存备件，12月以上未能售出的备件则称为死库存
备件满足率＝1－（月因缺件无法正常维修台次÷月维修总台次）×100%
备件周转率＝月备件销售成本×12÷月初与月末库存成本均值</td></tr>
<tr><td>车间</td><td>一次修复率
准时交车率
当天交车率
返修率</td><td>一次修复率＝（1－需要返修台次÷当月进厂台次）×100%
准时交车率＝预计时间前交车台次÷交车总台次×100%
返修率＝返修车辆数÷维修出厂的车辆总数×100%
当天交车率＝当日进站且当日交车台次÷当日进站总台次×100%</td></tr>
</table>

（续表）

序号	具体能力	内涵指标		部分指标描述
3	管理能力	售后组织机构	定岗、定编、定员、职责	组织机构设置合理，权责分明，沟通顺畅，能充分调动职员积极性
		团队建设	目标管理 绩效体系 人力资源建设 时间管理	
		效率管理	服务顾问日均接车台次 服务顾问月均产值 烤漆房利用频次 机修工位利用频次 机修技师效率 钣喷技师配比（人均维修量） 车间人员生产进间利用率 工时效率	服务顾问日均接车台次＝月所有接车台次÷所有服务顾问 烤漆房利用频次＝日板喷交车量÷烤漆房数量 机修工位利用频次＝日机修交车台次÷机修工位数 机修技师效率＝销售工时÷实际工时，已经销售或分配给技师完成一项具体维修服务的时间与技师完成该项工作的实际使用时间之间的关系 工时效率＝定额工时÷实际工时×100%
4	市场能力	拉动指标	进厂台次 保有量及客户活跃率 续保量（率）和续会量（率） 客户流失率（6个月未回厂） 新增加客户比例 忠诚客户率 首保回厂率 年维修频次	客户流失率＝半年内没有进厂的档案数量÷总档案的数量×100% 忠诚客户率＝最近12个月内回厂4次及以上客户数量÷自开业以来自销客户与维修建档他销用户之和×100%
		曝光度	曝光周期 曝光频次 活动频次	
		车友会	建设车友会	车友会由车友会管理人员（经销商）牵头，车友间自愿组织有意义健康活动的非实体组织

友情小贴士

一次修复率是衡量维修技师整体技能水平的重要标准，也是影响顾客满意度的关键参数。若该指标过低，则应加大对维修技师培训的力度，加强对接待人员维修业务接待流程的培训，监督流程执行情况，并对质检员资格与能力进行重新认定。

影响准时交车率的因素有：预约率低，准备工作不充分，服务顾问专业能力差，故障诊断与预计作业时间不准确，备件储备不合理、满足率低，技术人员、维修设施设备不足，技工技术水平低，工作进度监控力度不足，部门之间、工序之间配合不到位等。

五、汽车三包政策

1. 汽车三包

汽车三包是指汽车产品生产者、销售者和修理者在质量保证期内，因汽车产品质量问题，对汽车产品进行修理、更换、退货的行为。

质量保证期包括保修期、三包有效期和易损耗零部件的质量保证期。保修期限不低于3年或行驶里程6万km，三包有效期限不低于2年或5万km。保修期内出现产品质量问题，可以免费修理，三包有效期内，如果符合规定的退货、换货条件，消费者可以凭三包凭证、购车发票等办理退货或换货手续。家用汽车产品的易损耗零部件如在其质量保证期内出现产品质量问题，消费者可以选择免费更换易损耗零部件。易损耗零部件的种类范围及其质量保证期由生产者明示在三包凭证上。生产者明示的易损耗零部件的种类范围应当符合国家相关标准或规定，具体要求由国家质检总局另行规定。

友情小贴士

2013年1月15日，国家质检总局出台的《家用汽车产品修理、更换、退货责任规定》（以下简称“新三包法规”），于2013年10月1日正式实施。新三包法规的出台为消费者带来了更多在购车、用车以及后期维修过程中的合法权益。

2013年7月19日，国家质检总局正式发布了《家用汽车产品三包主要零件种类范围与三包凭证》（GB/T 29632-2013）国家标准，于2013年10月1日开始实施，国家质检总局在这一标准中指出易损耗零部件的种类范围：空气滤清器、空调滤清器、机油滤清器、燃油滤清器、火花塞、制动衬片、离合器片、轮胎、蓄电池、遥控器电池、灯泡、刮水器刮片、保险丝及普通继电器（不含集成控制单元）。

2. 汽车三包中退货或换货条件

（1）从销售者开具购车发票60日内或者行驶里程3000km之内，出现转向系统失效、制动系统失效、车身开裂、燃油泄漏，就可以选择退货或换货。

（2）具有严重的安全性能故障且累计两次修理仍然没有排除，或出现新的严重安全性能故障，可以选择退货或换货。

（3）发动机、变速器累计更换两次，或发动机、变速器中的同一主要零件累计更换两次仍然不能正常使用，可以选择退货或换货。

（4）转向系统、制动系统、悬架系统、前/后桥、车身当中的同一主要零件累计更换两次仍然不能正常使用，可以选择换货或退货。

（5）在家用汽车产品三包有效期内，因产品质量问题修理时间累计超过35日的，或者因同一产品质量问题累计修理超过5次的，消费者可以凭三包凭证、购车发票，要求销售者负责更换。如果符合更换条件，但销售者没有同品牌、同型号或配置不低于原车的汽车，消费者可以选择退货。

3. 汽车三包中责任免除

（1）企事业单位、政府机关为生产或公务等购买的汽车不包括在汽车三包范围内；

（2）易损耗零部件超出生产者明示的质量保证期后出现产品质量问题，经营者可以不承担本规定所要求的家用汽车产品三包责任；

（3）消费者所购家用汽车产品已被书面告知存在瑕疵；

（4）家用汽车产品用于出租或者其他营运目的；

（5）使用说明书中明示不得改装、调整、拆卸，但消费者仍自行改装、调整、拆卸而造成损坏；

（6）发生产品质量问题，而消费者自行处置不当造成损坏；

（7）消费者未按照使用说明书要求正确使用、维护、修理产品，而造成损坏；

（8）因不可抗力因素造成损坏；

（9）在家用汽车产品保修期和三包有效期内，消费者无有效发票和三包凭证，经营者可以不承担本规定所要求的三包责任。

六、汽车三包索赔

要做好汽车三包索赔工作，首先要熟悉主机厂的相关索赔政策；其次要了解国家相关法规，包括消费者权益保护法、合同法、产品质量法、汽车召回管理规定以及已颁布实施的汽车三包规定等；最后要了解汽车服务企业的相关规定、操作流程。

1. 三包索赔原则

（1）不予三包的情况

①正常磨损，从动盘总成面片与铆钉磨平。压盘平面磨下1mm左右，属离合器使用到期。

②未装车使用，外观无质量缺陷，存放地点不当致锈蚀严重。

③仿冒产品或有某公司标识的翻新件。

④产品经过焊接，有修理、改动过迹象。

⑤盖总成的定位孔被破坏，属安装错误。

⑥残缺不全的离合器损坏件。

⑦一轴过松、严重超载造成从动盘总成花键严重冲击。

⑧从动盘总成由于严重超载或操作不当而致摩擦片烧蚀。

⑨因离合器沾上油污，分离轴承位置不对，接触面积不够、压紧力不够，严重超载引起的打滑、丢转，或离合器掉进杂物，将离合器损坏，或由于其他相关性部件（例如飞轮不平）影响离合器使用性能。

（2）不在三包索赔范围的汽车周边产品

每家汽车厂家的售后服务政策都有一定的差异，但一般都将以下分类原则作为是否进行索赔的依据：

①易损件、保养用件、消耗品等。如灯泡、汽油格、机油格（就是机油

滤清器）、小塑料卡子、卡扣、防冻液、机油等是不属于保修范围的，但有些厂家也会进行保修，一定要仔细阅读保修手册的规定（一般保修期为6个月或者行驶里程10000km内）。

②常用件。如升降器、开关、雨刮电机、CD机、减振器等，是车辆维修经常使用的配件。

③大总成件。以上举例均属于配件本身有质量问题，如因人为因素造成损坏的，则不能进行索赔。

2. 三包索赔流程

索赔的流程包括：前台接待定项、车间派工、领料、维修换件、索赔申请、索赔确认、收索赔款等。注意车辆的包赔期限与条件，在接待过程中，接待人员应进行初检以初步判定是否存在索赔项，如果有，则应该在委托书中注明，并将项目的费用归属标注清楚；在维修和换件过程中，索赔员要根据实际情况进一步判断是否属于索赔项，如果属于索赔项，则需要将索赔项和配件收费类别标记为“索赔”，并向厂家提出申请。索赔员需根据服务记录生成相应的索赔记录，并填写索赔单上的相关内容，按照整车厂家的要求进行传真、邮寄或者网上申请，经厂家确认后，该索赔款项计为向厂家的应收款，到一定时间，服务站可以按照规定与整车厂家核对收款。

七、汽车延保

1. 汽车延保

所谓汽车延保，是指汽车生产商原厂保修期结束之后的维修保障，即厂家质保期的延长，汽车所有者与延保服务供应商签署合同，约定供应商在一定时期内为合同规定的机动车维修服务支付费用。汽车延保起源于20世纪60年代美国的汽车金融保险业务，发展到今天已被欧美消费者普遍接受。目前，汽车延保在美国市场比较成熟，渗透率在40%左右，延保产品对经销商总利润的贡献率正逐年提升。

2. 汽车延保的作用

汽车延保对消费者而言投入小、回报大，能锁定维修成本，避免后期高价维修的风险；可以享受高质量的维修服务，车辆在延保期间接受厂家授权4S店的服务，保证维修的规范性及原厂纯正配件的使用；汽车延保随车转让，实现车辆保值，增加二手车售出机会。

汽车延保对经销商而言能延长售后服务年限，增加经销商的销售额和赢利；减少客户流失，提升客户满意度与忠诚度；能有效促进整车销售；增加与客户接触的机会，提高配件或服务的赢利。汽车延保，对厂商而言能提升客户忠诚度，减少客户流失；减少客户在保修期后因维修费用不确定而产生的投诉，提高客户满意度；收集汽车故障数据，改进汽车制造工艺与流程；促进整车销售，提高配件的赢利。

小知识

延保服务“四更”：更省心，一次小小投入，带来大大回报（原厂延保产品保证）；更安心，使用厂商授权维修中心，维修质量有保证；更省钱，不用支付额外的维修费用，由延保服务合同直接支付；更保值，增加了车辆价值和售出机会。

3. 汽车延保业务模式

根据直接面对消费者的供应商分类，国外的延保产品供应商分为汽车厂商与独立的延保产品供应商。汽车厂商作为延保产品的供应商，则延保产品成为汽车商品的增值服务部分，厂商通常会通过一家专业的延保业务服务及管理公司为其策划并管理整个延保业务。独立的延保产品供应商通常由保险公司充当，通过第三方延保业务服务及管理公司帮助其管理业务或以内部部门形式自行开展业务。中国市场存在三种汽车延保业务模式：一是厂商或经销商服务合同模式，汽车厂商或经销商作为被保险人，为车主提供延保服务产品，保险公司为其提供保险；二是保险公司保单模式，保险单直接签发给车主，为分散风险，向再保险公司进行分保；三是延保服务商模式，延保服务商作为被保险人，延保服务商为车主提供延保服务产品，保险公司为其提供分散延保风险的保险服务。

在国外，作为延保合同主体的一方，为保证其对广大消费者的履约能力，通常只有汽车厂家或经销商、保险公司具备经营资格。需要注意的是，承担延保业务服务及管理的公司仅根据延保产品供应商的委托，提供相应的技术支持、专业管理等外包服务，其本身并不能成为延保供应商。保险公司作为专业经营风险的金融服务机构，资本实力强大，客户接受度高，还可能通过再保险等方式进一步分散风险，以确保汽车延保业务经营的稳定性。

八、汽车金融前景广阔

目前，中国汽车经销商超过80%的利润来源于新车销售，汽车租赁、二手车、汽车维修、汽车消费保险等售后消费服务的利润占比不到20%，而美国汽车产业后市场利润率却超过了70%。仅依赖新车销售的一次性贷款，利润增长方式过于单一，也容易受到宏观经济及行业周期波动的影响，而拉动后市场业务则有助于提高利润增长方式的多样化。因此，未来汽车金融渗透到后市场服务领域仍有很大的发展空间。

目前中国已有包括上汽通用汽车金融、东风日产汽车金融、丰田汽车金融、一汽汽车金融等一批汽车金融公司活跃在汽车金融服务领域，此外还有中信银行、民生银行等金融机构开展了汽车金融贷款业务。商业银行在资金、网点覆盖方面较汽车金融公司更具实力，而汽车金融公司在专业化程度、产品丰富度、贷款审批效率等方面拥有优势。

汽车金融主要包括汽车批发金融、汽车消费金融、汽车租赁和二手车金融等。汽车金融不单只是汽车的消费信贷，而是包括了一系列与汽车产业链生产、流通、购买和消费等环节相关的融资需求的总称，是汽车产业链中产生利润最多的环节。国内汽车行业的不断蓬勃发展、消费者对于汽车需求的增长催生并促进了汽车金融的产生。1998年《汽车金融管理条例》发布，标志着中国汽车金融市场的正式启动。中国加入WTO后，在国内家庭对私家车的需求上升、商业银行对汽车消费信贷产生重视等多种因素的共同推动下，汽车金融在一段时期内呈现出爆发式发展。2004年下半年，我国首家专业汽车金融公司——中外合资上汽通用汽车金融公司正式成立，大众、丰田和福特等汽车金融公司也随之成立。此外，我国相继颁布的《汽车贷款管理办法》《汽车金融公司管理办法》等法规，为汽车金融提供了可靠的政策依据，也为汽车金融在我国的进一步发展创造了良好的法律条件。中国的汽车金融正逐步迈向正规化、规模化、专业化。专业的汽车金融公司无疑是汽车金融市场的一个重要部分，也是促进汽车金融发展的生力军。

目前国内汽车金融市场的覆盖率约为20%，与西方覆盖率达到了70%—80%的成熟的汽车金融市场相比差距较大，未来几年内汽车金融在国内的覆盖程度预计将达30%或更高，中国汽车金融市场蕴藏着巨大的发展潜力。国务院办公厅在2013年7月发布的《关于金融支持经济结构调整和转型升级的指导意见》中提到“积极满足居民家庭首套自住购房、大宗耐用消费品、新型消费品以及教育、旅游等服务消费领域的合理信贷需求……提高金融服务的匹配度和适应性，促进消费升级”，为汽车金融服务的进一步发展提供了有利的政策支持。

不可忽略的是，我国汽车金融发展仍面临着一些障碍。一是我国固有的传统消费习惯与消费理念对汽车金融的发展有着一定的制约作用，虽然我国接受“超前消费”理念的人正在逐渐增多，但真正尝试贷款购车的还不到20%，与发达国家70%的平均比例相比差距较大；二是汽车金融公司资金来源渠道有限，目前国内专业化的汽车金融公司不能在一级、二级市场进行融资，因而其资金来源主要还是依靠银行拆借或自有资金；三是我国个人信用征信体系不完善；四是业务开展受注册地地域限制。这些影响行业发展的因素都是值得密切关注的。

汽车金融业作为连接金融与实体经济的重要一环，有助于刺激消费，扩大内需，对第三产业的发展起到了积极的推动作用。尽管目前我国的汽车金融在汽车租赁、二手车等利润较大的汽车服务版块渗透率不高，但随着这些环节的深入发展以及行业内部的不断创新，我国的汽车金融在推动中国汽车行业转型升级的同时，也将获得更为广阔的发展空间。

第二节 服务顾问岗位认知

一、服务顾问

服务顾问也称汽车维修接待员，是汽车售后服务企业中对来店或来电保养的维修客户进行接待的专业服务人员，工作内容包括电话拨打与接听、店内迎接、环车检查、车辆问诊、报价制单、维修协调、质检交车、客户异议处理、跟踪回访等。

服务顾问是连接企业和顾客的纽带与桥梁，他既是企业的形象代言，维护企业的利益，又是顾客的顾问，保证顾客的利益，为顾客车辆维修保养提供合理的建议，为顾客出行保驾护航、排忧解难。

二、服务顾问的职责

1. 服务顾问的素质要求

服务顾问作为企业的代言人及顾客用车顾问，既从事非技术服务，又提供技术服务。 双重身份的角色定位对服务顾问的服务意识、形象意识、自我保护意识、沟通及协调团队意识、技术服务意识等素质提出了较高要求 。

（1）服务意识

服务意识要求服务顾问站在顾客的角度考虑问题，时刻树立顾客为重、顾客至上的服务理念。服务顾问可以在执行服务接待的流程中充分理解服务意识：顾客进店时，第一时间迎接；顾客车辆出现故障时，尽快安抚顾客情绪并帮助解决；在车辆维修期间，时刻关注顾客，适时反馈维修进展情况；在需增加新的维修项目时，及时告知并尊重其意愿；在交车结算时，做好维修费用说明与解释，消除顾客的疑虑；在维修保养结束后，做好定期回访，使顾客倍感关怀。

（2）形象意识

服务顾问是企业的窗口，应牢固树立形象意识，以专业的服务水平和良好的仪容仪表树立一流服务企业的品牌形象。服务顾问必须积极把握第一印象，以职业的仪表、得体的言谈举止、亲切的微笑使顾客产生好感、兴趣和信任。

（3）自我保护意识

服务顾问在工作岗位中应具备自我保护意识。在服务接待过程中必须按规范进行检查与确认，在体现专业、规范的同时，也是对自身的一种保护，可以有效减少纠纷的产生。如对车辆外观做全面检查；对车辆内饰物品做检查与清点；对维修旧件处理方式进行确认；对顾客报修项目再次确认；请顾客在接车单上签字确认；需增项处理时请顾客确认等。经过这些确认，可以表明顾客对车辆目前状态、报修项目等方面没有异议，彼此已达成共识。

（4）沟通及协调团队意识

服务顾问是顾客与企业、企业各部门相关人员间沟通的桥梁，因此服务顾问必须具备良好的沟通与协调团队意识，才能处理好各方面的关系，推进服务企业各项工作有序进行。服务顾问应掌握必要的沟通技巧，能倾听顾客描述，明确顾客需要；能适时问询，明确故障现象；能有效进行车间、配件、顾客间的协调；在结算前沟通协调，提前消除顾客的疑虑；能安抚顾客的情绪，处理顾客投诉。

（5） 技术服务意识

服务顾问是为顾客车辆维修保养提供建议的顾问，因此，服务顾问必须掌握汽车基础、汽车保养及使用、汽车配件、常见故障识别与诊断等汽车相关技术知识，只有具备扎实的汽车技术，树立技术服务意识，才能真正为顾客解释车辆使用中出现的各种现象，初步诊断车辆存在的问题，切实为顾客车辆的维修保养提出合理建议。

2. 服务顾问的职责

（1）负责全面贯彻落实售后服务核心流程预约工作，与用户初步确定维修项目、时间、 备件等。

（2）故障诊断，索赔初步鉴定，与用户达成协议等。

（3）负责为用户提供维修、保养、车辆使用咨询及提醒服务。

（4）负责平衡车间生产，并有效调度生产。

（5）负责向维修技师传达用户的想法，描述车辆故障，分配维修工作任务。

（6）对车辆进行全面检测（包括外观），并认真登记，同时提醒客户保管好车内的重要物品。

（7）负责与索赔业务员、车间主管及维修技师沟通，协助索赔鉴定和保险理赔工作。

（8）负责任务委托书、维修项目、结算单的填写及发票的解释工作，并负责交车。

（9）负责建立、完善用户档案并及时更新。

（10）定期回访客户，征求客户意见，考察客户满意度，并根据相应项目做好记录。

（11）处理客户的投诉，认真听取和记录客户提出的建议、意见，根据实际情况认真耐心地解释，并及时向上级主管汇报。

三、服务顾问的礼仪规范

1. 礼仪

礼仪者敬人也，礼仪是借助一定的形式来表达对他人的尊重，是待人接物的基本要求；服务顾问通过约定俗成的言行举止，表达对顾客的敬意与谦让。礼仪围绕尊重这一核心，讲究平等、互尊、诚信、宽容、自律，具体在着装、化妆、接待中坚持以下原则。

（1）着装TPO原则

TPO是时间Time、地点Place、场合Object这三个英语单词的缩写，该原则要求人们在选择服装、考虑具体款式时，应当首先考虑时间、地点、场合，并力求使自己的着装及具体款式与之协调一致，体现和谐之美。

友情小贴士

着装和谐之美还应强调：①着装应与自身条件相适应。选择服装首先应该与自己的年龄、身份、体形、肤色、性格和谐统一。②着装应与职业、场合、交往目的对象相协调。

（2）化妆符合审美原则

在职场中，通过适当的妆容，可以提升服务顾问的个人气质与形象。职业场合礼仪要求“化妆上岗、淡妆上岗”，妆容讲究自然得体，符合审美。具体要遵循以下原则：

扬长避短原则。化妆应依据个人脸形与肤色合理调配与修饰，突出脸部最美的部分，使其显得更加美丽动人；另一方面要掩盖缺陷或矫正不足。

自然真实原则。化妆要自然协调，不留痕迹，给人以大方、悦目、清新、自然而然、天生如此的感觉，忌厚厚地抹一层粉。

强调整体原则。妆容注重和谐统一。无论是基面化妆还是各部位的点化妆，都要力求统一、相互配合、左右均衡、衔接自然、色彩协调、风格一致。同时还要考虑发型、服装、服饰与化妆的关系，从而获得整体完美的理想效果。

修饰避人原则，不在公共场合化妆或补妆，忌当众补妆，不允许在工作岗位上进行化妆或补妆。

（3）接待3S原则

接待3S是指Standing，See，Smile，即起立，微笑，目视对方（眼神的接触）。

Standing 站立，起身迎接顾客，不管顾客的年龄和身份怎样，对方到店时，需要站起来欢迎对方；

See 目中有人，聚精会神正视顾客，让顾客感觉自己受到重视，自己的发言被认真倾听；

Smile 面带微笑，微笑是世界上最好的沟通方式，是与顾客交流的润滑剂。

2. 基本礼仪

（1）仪容

仪容指人的容貌，包括五官、发型等。服务顾问仪容讲究整洁、卫生，具体要求如下：头发整洁，发型得体大方；仪容洁净，男士勤刮胡须、常修剪指甲，女士指甲长短适度，美化适中；口腔卫生，牙齿清洁；化妆浓淡适应场合，妆容和服饰搭配和谐，不使用香味过重的化妆品，化妆与年龄相协调、与身份相符合。

（2）仪表

仪表指人的外表，包括服饰、身体、姿态等。服务顾问的仪表讲究得体端庄，具体要求如下：服饰整洁、得体、大方，色彩搭配合理；正式场合，男士宜穿礼服或深色的西装、皮鞋和袜子，女士宜穿套装，不穿短、透、露的服装；穿西装时，衬衫袖子应略长于西装袖子，领带平直，长度在腰带上缘；鞋子与衣服相配，保持鞋子洁净，正式场合不穿拖鞋，穿西装、裙装、礼服时不穿平跟鞋或布鞋；女士领巾、围巾、手包应与服装颜色和谐搭配。服务顾问的仪容仪表标准如图1-10所示。

图 1-10 服务顾问的仪容仪表

友情小贴士

男士西装三三原则——三色原则：全身颜色不多于三种色系；三一定律：鞋子、腰带、公文包颜色保持一致；三大禁忌：左边袖上的商标、标志没有撕去，穿尼龙丝袜与白色袜子，穿夹克打领带。

（3）仪态

仪态指人身体所呈现出的各种形态，包括举止动作、神态表情及站、坐、走、蹲等体态。

站，“站如松”，要站得挺拔。站立时，身体应与地面垂直，重心放在前脚掌上，挺胸、收腹、抬头、收颌、双肩放松，双臂自然下垂或在体前交叉，眼睛平视，面带笑容。站姿标准如图1-11所示。

图 1-11 站姿标准

走，“行如风”，要走得轻快自然。正确的走姿是轻而稳，胸要挺，头要抬，肩放松，两眼平视，面带微笑，自然摆臂。走姿标准如图1-12所示，走姿分解动作标准如图1-13所示。

图 1-12 走姿标准

图 1-13 走姿分解动作标准

坐，“坐如钟”，要坐得端庄优美。正确的坐姿是：腰背挺直，肩放松。女性应两膝并拢；男性膝部可分开一些，但不要过大，一般不超过肩宽。双手自然放在膝盖上或椅子扶手上。在正式场合，入座时要轻柔和缓，起座稳重。坐姿标准如图1-14所示。

正位坐姿　　侧位坐姿　　重叠式坐姿

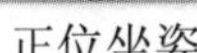

正位坐姿　　叠腿式坐姿　　西方国家男士的叠腿方式

图 1-14 坐姿标准

蹲，蹲下时，右脚向后撤半步，约一脚长（男士步子稍大，女士较小），两腿弯曲下沉。上体保持正直，右侧大腿与小腿并拢，重心放在右侧。男士两腿之间分开约60°，女士两腿并拢，向右倾斜，两手掌心向下五指并拢，放在膝盖上（女士两手可叠放），目视前方、面带微笑。蹲姿标准如图1-15所示。

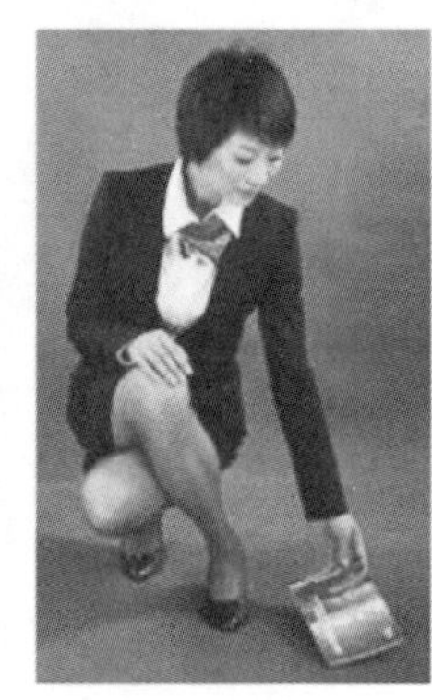

图 1-15 蹲姿标准

微笑是一种语言，是社交场合中最有吸引力、最有价值的面部表情。放松面部肌肉，使嘴角微微向上翘起，让嘴唇略呈弧形，便是微笑状。按微笑的幅度可以分为一度、二度、三度微笑。一度微笑，嘴角自然上扬，有自然温和之感；二度微笑，嘴角明显上扬，有和蔼关注之感；三度微笑，嘴角大幅上扬，露出6－8颗牙齿，有热情积极之感。微笑是善意的标志、友好的使者、成功的桥梁。微笑标准如图1-16所示。

图 1-16 微笑标准

友情小贴士

微笑定律

微笑无价，但它却重于金钱；金钱有价，却不能购得你的微笑；

宁肯吝啬你的金钱，也绝不要吝啬你的微笑；吝啬你的微笑，你所失去的绝不只是金钱；

微笑愉己，可以使自己拥有一个好心情；微笑悦人，可以使你拥有一个好人缘；

微笑会给你带来好运，因为微笑带来快乐。

3. 接待礼仪

服务顾问在接待顾客的过程中，涉及握手、介绍、名片递接、引导、鞠躬、乘车、电话等基本接待礼仪。遵守接待礼仪规范，有助于营造良好的第一印象，创造和谐的沟通氛围。

（1）握手礼

握手规范：身体以标准站姿站立，上体略前倾，右手手臂前伸，肘关节微屈，拇指张开，四指并拢，适度用力。

握手顺序遵循尊者优先伸手的原则。与女士握手时，男士要等女士先伸手之后再握，如女士不伸手，或无握手之意，男士则点头鞠躬致意即可，不可主动握住女士的手；与长辈握手时，年轻者一般要等年长者先伸出手后再握；与上级握手时，要等上级先伸出手再趋前握手。而在接待来访客人时，则由主人先向客人伸手以示欢迎；送别客人时，客人主动握手以示感谢与告别。

友情小贴士

握手禁忌

忌左手相握；忌交叉握手；忌坐着握手；忌脏、湿手相握；忌握手时戴手套、墨镜；忌与异性握手用双手；忌握手时另一手插在衣袋中或拿着东西；忌握手时心不在焉。

（2）介绍礼

服务顾问在工作中应向顾客做自我介绍，包括姓名、供职单位及部门、职务等。如“您好，我是悦民4S店售后服务顾问王海，很高兴为您服务。”为提高效率，在做自我介绍时，可以利用名片、介绍信等资料加以辅助。

为他人做介绍即介绍不相识的人相互认识，或是把一个人引荐给他人。为他人做介绍时，应遵循“尊者居后”的原则，尊者有了解对方的优先权，因此介绍顺序应为把男士介绍给女士、把晚辈介绍给长辈、将客人介绍给主人、把未婚者介绍给已婚者、把职位低者介绍给职位高者、把个人介绍给团体等。

（3）名片递接礼

递送名片时，应面带微笑，稍欠身，正视对方，将名片的正面朝着对方，恭敬地用双手的拇指和食指分别捏住名片上端的两角送到对方胸前，如“您好，我是本店服务顾问王海，这是我的名片，很荣幸为您服务。”接受他人名片时，应起身或欠身，面带微笑，恭敬地用双手的拇指和食指接住名片的下方两角，并轻声说“谢谢”。

（4）引导礼

引导时的手势应四指并拢，拇指靠向食指，手掌伸直，由身体一侧自下而上抬起，以肩关节为轴，到腰的高度再视指引方向或物品摆出手臂。引导顾客时，服务顾问应站在顾客的左前方，与顾客保持0.5m—1.5m的距离，传达“以右为尊，以客为尊”的理念，目视顾客，面带微笑，手臂引导方向，“这边请”，“您请这边走”，“您请看这里”，引导标准手势如图1-17所示。

在行进中进行引导时，服务顾问应走在客人左前二三步，侧转130°面向客人；用左手示意方向；配合客人的行走速度；保持职业性的微笑和认真倾听的姿态；如来访者带有物品，可以礼貌地为其提取；途中注意引导提醒，如在拐弯或有楼梯台阶的地方应使用手势，并提醒客人“这边请”或“注意楼梯”、“有台阶，请走好”等。

友情小贴士

握行进中，应注意中央高于两侧，内侧高于外侧，一般让客人走在中央或内侧；单行行进时，前方高于后方，如没有特殊情况，应让客人走在前面。

一般而言，上下楼梯时要单行行进；没有特殊情况的话要靠右侧单行行进。引导顾客上楼梯时，应该让顾客走在前面，服务顾问紧跟而上；下楼梯时，应该由服务顾问走在前面，并将身体转向客人。楼梯中间的位置是上位，但若有栏杆，就应让顾客扶着栏杆走；如果是螺旋梯，则应该让顾客走内侧。上下楼梯时要提醒客人“请小心”。

出入无专人操作的电梯时，服务顾问应在顾客之前进入电梯，一只手按住“开门”按钮，另一只手示意顾客进入电梯；进入电梯后，按下顾客要去的楼层数，侧身面对客人，可做寒暄；到达目的楼层时，按住“开门”的按钮，请顾客先下。出入有专人操作的电梯时，则应采取顾客、领导、尊长先进后出原则。

图 1-17 指引、引导手势

（5）鞠躬礼

行鞠躬礼时应以谦恭的举止，表现对顾客的敬意。鞠躬时以标准站立的姿势由腰部带动上身前倾，呈15°、30°或45°，视线随身体自然下移。男子鞠躬时，双手放置在身体两侧，手掌贴于下肢外侧；女子鞠躬时，双手互握于体前。鞠躬礼标准如图1-18所示。

图 1-18 鞠躬礼

友情小贴士

鞠躬禁忌

忌只点头的鞠躬；忌不看对方的鞠躬；忌头部左右晃动的鞠躬；忌双腿没有并齐的鞠躬；忌驼背式的鞠躬；忌可以看到后背的鞠躬。

（6）乘车礼

乘坐轿车时的礼仪问题主要涉及座次、上下车顺序、举止等三个方面。

上下轿车的先后顺序通常为：尊长、来宾先上后下，秘书或其他陪同人员后上先下。即请尊长、来宾从右侧车门先上，秘书再从车后绕到左侧车门上车。下车时，秘书人员应先下，并协助尊长、来宾开启车门。

轿车座次安排通常有几种情况：第一种，乘坐双排、三排座的小型轿车，如果由主人亲自驾驶，一般前排为上，后排为下，如图1-19所示；如果由专职司机驾驶，通常后排为上，前排为下；以右为“尊”，以左为“卑”，如图1-20所示。第二种，乘坐多排座的中型轿车，无论由何人驾驶，均以前排为上，后排为下；右高左低，如图1-21所示。第三种，乘坐轻型越野车，不管由谁驾驶，其座次尊卑依次为：副驾驶座，后排右座，后排左座，如图1-22所示。

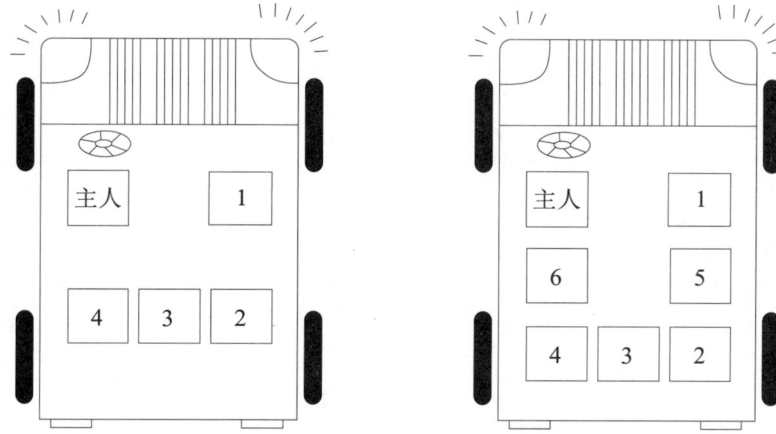

图 1-19 主人驾驶双排、三排座的小型轿车座次安排

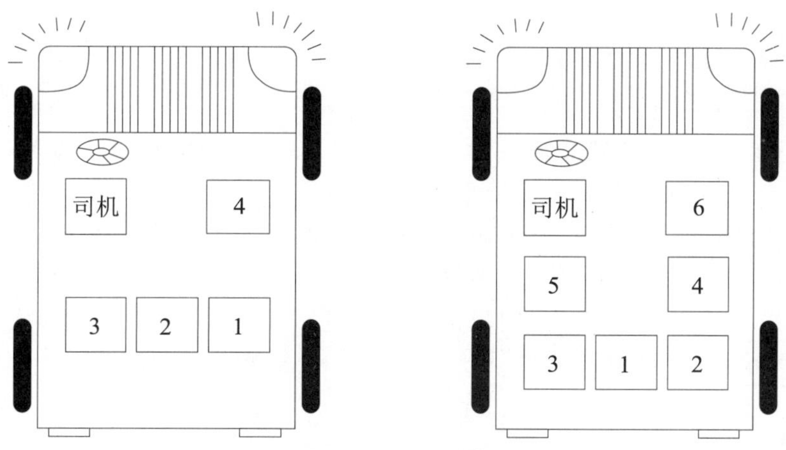

图 1-20 专职驾驶双排、三排座的小型轿车座次安排

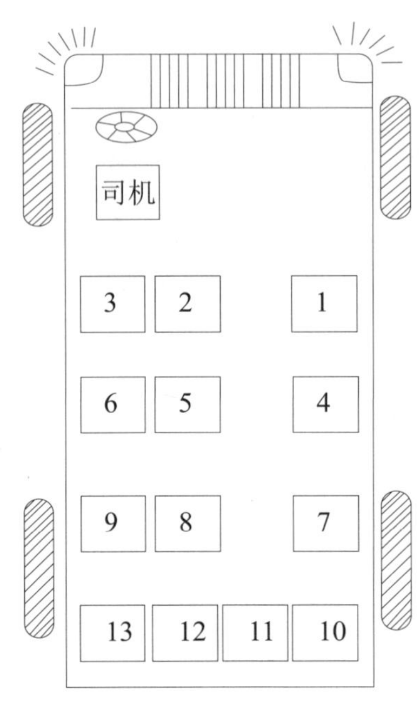

图 1-21 多排座中型轿车座次安排

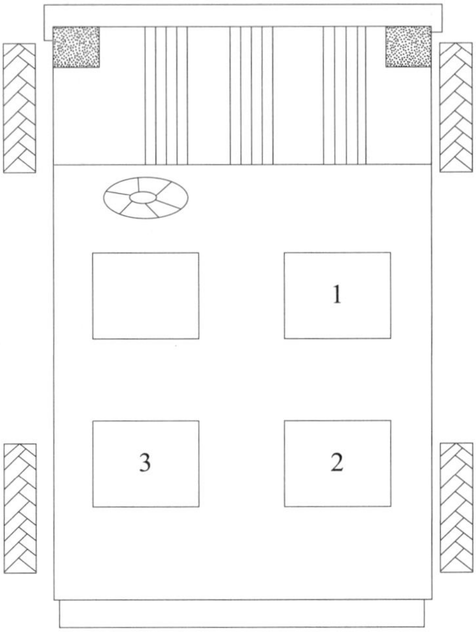

图 1-22 轻型越野车座次安排

（7）电话礼

一要及时接听，以铃响三声之内接听最好，面带微笑，声音亲切。二要自报家门，告诉顾客姓名、职务等。三要倾听记录，仔细倾听，记录顾客的相关信息，并合理解答，及时反馈，若遇到需要转达的电话，更应记录完整并及时转达。拨打电话前要设计通话内容，选择顾客方便的时间，长话短说，尽量控制在三分钟以内。电话礼仪如图1-23所示。

图 1-23 电话礼仪

友情小贴士

5W1H通话要点

Why（理由）打电话的目的、理由；What(内容)商谈细节；Who（对象）洽谈对象；When（时间）对方合宜的时间；Where（场所）洽谈较适宜的场所；How（方法）如何表达较为得体。

手机使用禁忌

忌不使用手机时，拿在手中、放在桌上或裤袋里，应放置在背包中、上衣口袋等适当的位置；忌开会时手机铃声响起，静音是对他人的尊重；忌在公共场合大声通话；忌在他人不方便时拨打电话，应选择对方方便的时段，通话时先确认对方是否方便接听；忌边说话边看手机。

短信礼仪

短信内容格调高雅；短信祝福有来有往；短信署名不误正事；短信试探预约通话；短信隐私及时删除；短信群发造成骚扰；短信提醒便于接受。

四、服务顾问的工作内容

服务顾问的工作内容主要有业务接待、制单、客户档案管理、客户跟踪、客户预约、客户投诉处理等。

1. 业务接待

服务顾问与客户进行沟通问诊，与顾客共同环车检查来确认车辆的状态（外观、内饰、有无贵重物品遗留等），了解车辆使用情况及用车打算，适时推介保养项目与精品产品。

2. 制单

服务顾问通过与顾客沟通，确定服务项目后制订并打印工单。工单就是维修保养合同，在与顾客签订合同之前，必须进行五项确认：确认工单中的服务项目；确认工单中服务项目工时、材料合计费用；确认工单中的服务项目所需的大概时间；确认是否要保留更换的配件；确认是否洗车。

3. 客户档案管理

顾客车辆进厂后，服务顾问为其建立业务档案，一般情况下一车一个档案袋。档案内容包含顾客基本信息，车辆基本信息、维修项目、修理保养情况，顾客投诉情况等，多以该车的“进厂维修单”内容为主。

4. 客户跟踪

根据档案资料，服务顾问或回访专员定期向客户进行电话跟踪服务，做好跟踪服务的记录和统计。第一次跟踪服务一般定于顾客车辆出厂二天至一周之内，跟踪回访内容主要有：询问客户车辆使用情况；对公司服务的评价；告知有关驾驶与保养的知识或针对性地提出合理使用的建议；介绍公司服务的新内容、新设备、新技术，告之公司免费优惠客户的服务活动；提醒下次保养时间等。

5. 客户预约

服务顾问受理客户提出预约维修请求或根据生产情况向顾客建议预约维修，经顾客同意后，办理预约手续，确定预约时间。预约确定后，填写“预约统计表”，并于当日内通知车间主管，以便到时留出工位。预约时间临近时，应提前半天或一天通知客户预约时间，以免遗忘。

6. 客户投诉处理

服务顾问必须正确看待顾客的投诉，要热情礼貌接待，认真倾听客户意见，并做好登记、记录。能答复的给予答复，若不能立即处理的，应先向客户致歉。处理投诉时，不能凭主观臆断，更不能与客户辩驳争吵，要冷静而合乎情理。

根据以上服务顾问的主要工作内容，可以整合形成服务预约、接待作业、维修协调、完工质检、结算交车、维修跟踪等六大版块服务顾问核心工作流程，具体如图1-24所示。

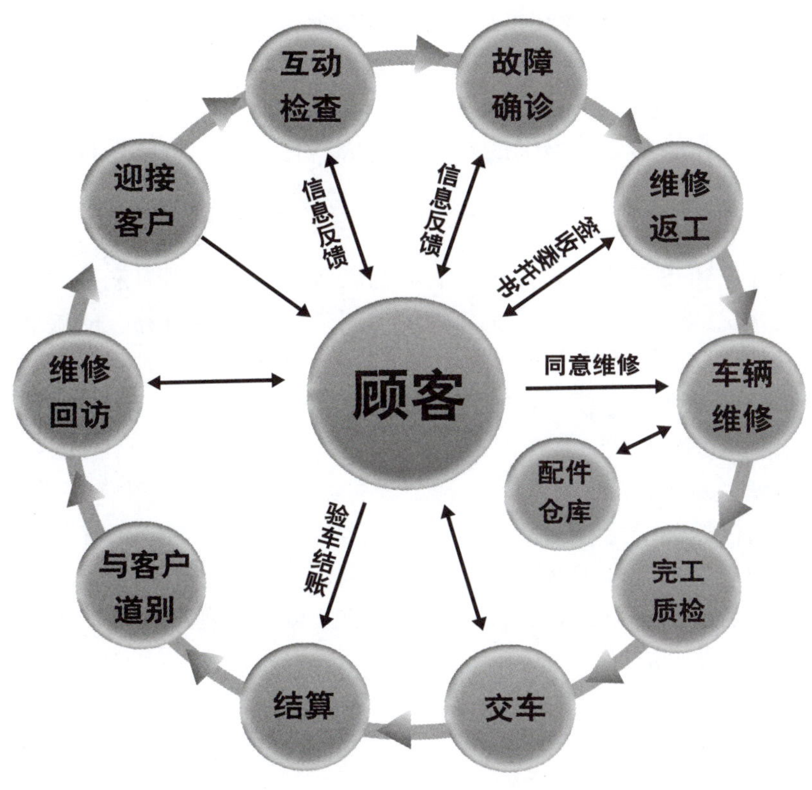

图 1-24 服务顾问工作流程

五、服务顾问（SA）的“黄金五法则”

服务顾问（SA）代表公司向客户提供服务，是客户和公司关系的纽带，SA素质的高低将直接影响公司售后服务的经营状况，影响客户满意度，影响公司的综合竞争力以及长远发展。

1. 专业法则

SA必须充分了解汽车构造、汽车常见故障及其解决方法、汽车日常使用的注意事项、每个维修项目所需的时间及价格、接车流程等，不仅要熟悉4S店经营的车型，还要对其他品牌车型有所了解，通过专业的表述、专业的操作、专业的建议让客户建立较高的信赖感。

2. 沟通法则

一个出色的SA必须具备良好的沟通能力，首先要同客户进行有效沟通，充分了解客户的需求，并通过与公司内部车间、配件仓库、后勤等部门的充分沟通将客户的需求明白地表述出来，使各部门为满足客户需求一起携手共进。

3. 忠诚法则

客户将汽车交到SA手上，SA必须本着“受人所托，忠于此事”的态度，不管遇到什么困难都要尽最大的努力去完成所托之事。忠诚是每个SA必须具备的素质。

4. 关系法则

每个客户到4S店总喜欢找相熟的SA为其提供服务，因为熟悉的SA通常更熟悉汽车状况。SA不能只停留在为顾客“提供维修保养服务”的层面，而应力争与客户建立起“友情”。为此，在接车后SA一定要抽时间陪客户聊天，谈一些客户感兴趣的话题；在节日或客户的生日，SA可以用手机在第一时间送上祝贺，或以个人名义寄送贺卡等。

5. 平衡法则

一个出色的SA一定能够平衡好公司和客户之间的关系。SA在维护公司利益和声誉的同时也要注重客户的需求和感受，但当客户需求和公司利益发生冲突时，要充分利用个人魅力，巧妙地向客户做出解释，而当个人无法处理情况时，必须及时汇报，确保公司的声誉和长远发展。

第三节 客户识别与应对

一、客户沟通风格

1. 客户沟通风格类型

不同客户的个性差异会导致对他人控制力和自我交际能力的差异，形成不同的人际沟通风格。按照控制力与交际能力的强弱可以把客户的沟通风格划分为四类：支配型（老虎型）、分析型（猫头鹰型）、表现型（孔雀型）、随和型（考拉型），具体如图1-25所示。

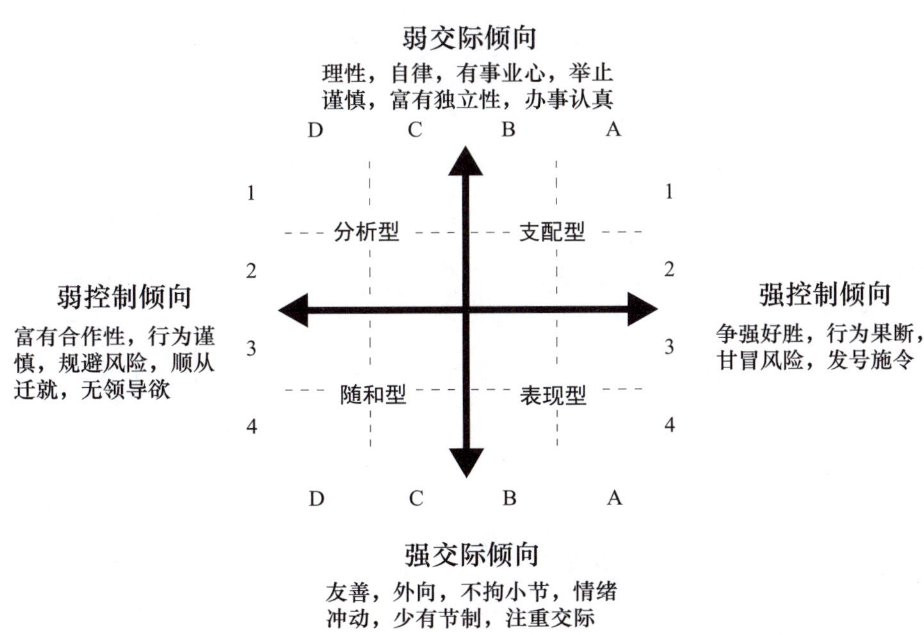

图 1-25 客户沟通风格分类原则

2. 沟通风格分析

支配型的顾客经常会提出类似“八千块钱的优惠能不能做”“能不能在十天内提现车”的问题，虽然问题很简单，但是很有压迫感，他希望自己能主导一切，而不是由服务顾问推荐。这类客户一般会在详细了解各种情况后抛出问题，面对这种类型的客户，汽车服务顾问一定要多了解客户的信息，多发问，尽可能清楚地了解客户目前的心理状况，根据这些情况谨慎应答。

分析型的客户很注重理性思维和分析总结，汽车服务顾问必须表现出专业的态度，为他解决所有的疑虑和担心。

表现型的客户非常健谈，往往会天南海北谈论话题，汽车服务顾问要有目的地发问，了解客户想知道的内容，适时插入话题，引导客户进入设定的话题范围。

随和型的客户态度温和，表情亲切，耐心沉稳，汽车服务顾问应多征求客户的意见，多提问。

面对不同的客户，汽车服务顾问要表现出不同的服务风格。对四种客户沟通风格的分析如表1-6所示。

表1-6 四种客户沟通风格的分析

	支配型	分析型	表现型	随和型
行为特征	独断、攻击性强 自信 喜欢炫耀 充满战斗精神 蔑视他人 喜时髦的服饰及饰品	保留自己的意见 性格内向 客观 有疑虑 喜实用、正式的服装	性格开朗 友好 对其他事物很感兴趣 喜欢交谈	和蔼温和 耐心 镇静，做事不急不躁 喜欢按程序做事， 喜欢团体活动 喜舒适的衣服
交流方式	声音大 语言生动 身体语言较多 眼神交流多 “你必须” “就是这样”	眼神交流少 说话有根据 “你不认为”	微笑 目光接触频繁 “哇，太好了”	说话慢条斯理 有眼神交流 声音轻柔 害羞 使用鼓励性的语言 “你说得有理” “我不知道”
办公室的布置	显赫 尽量大 时髦的家具	实用 多功能	陈列有说服力的物品	舒适 放有家庭合影
我们对于这些行为的一般反应	抗拒 逃避 变得充满攻击性	讲过多的话 虚张声势	不耐烦 过分逼迫对方	催促 急于阐述观点

（续表）

	支配型	分析型	表现型	随和型
最理想的反映	表示尊敬 有指引行为	讨论时有事实根据 给出详细的回答 能忍受沉默	交流时多用一些动作和手势 说话紧扣重点	表示友好 说话比较缓慢，多给出建议

工作情景案例

某日某汽车服务企业驶进一辆崭新的某品牌轿车，车辆装饰大气。服务顾问迎上前："先生，我是这里的服务顾问张华，请问您是过来做维修还是保养？""我来做首保，帮我好好保养一下，我赶时间，必须在一小时内完成。"客户嗓门很大，说话语速很快，铿锵有力，说着便熄火下车。服务顾问张华该如何通过顾客的言行举止判断客户人际沟通风格并进行积极应对？

1. 流程

（1）礼貌迎接，得知顾客姓李；

（2）根据顾客的要求，果断快速地作出回应，明确告诉李先生首保可以在一小时内完成；

（3）按规范流程进入环车检查。

2. 话术

"先生，我该如何称呼您？"

"李先生，正常情况下，一小时内完成首保没有任何问题，因此，您不必着急。"

"李先生，我将与您一起为您的爱车做一个环车检查，以确认您的爱车的状态，用时约为十分钟。"

3. 工作场景

早上9点多，某汽车服务企业驶进一辆崭新的某品牌轿车，车辆装饰大气。服务顾问张华快步迎上前："先生，我是这里的服务顾问张华，请问您是过来做维修还是保养？""我来做首保，帮我好好保养一下，我赶时间，必须在一小时内完成。"客户嗓门很大，说话语速很快，铿锵有力，说着便熄火下车。大嗓门、讲话快、动作利落，张华想这应该是典型的支配型客户。明确了客户的类别后，张华心里有了底气。

"先生，我该如何称呼您？"张华微笑着问。

"我姓李。"

"李先生，您此次来做首保，正常情况下，一小时内完成没有任何问题，因此，您不必担心。"张华果断并自信地说。张华知道面对支配型顾客，充满自信并给予直接准确的回答，将更容易取得客户的认可与信任。

果然，李先生听后点了点头。

“李先生，我将与您一起为您的爱车做一个环车检查，以确认您的爱车的状况，用时约为十分钟。”

……

案例分析

针对支配型客户果断、独立、自信、说话直接、强调效率等行为特征和交流特征，结合客户对汽车售后服务的期望，汽车服务顾问张华在接待时应注意如下几点：

1. 以结果为重

与该类客户沟通时要有计划并直奔结果，客户看重的是结果而非过程，同时要注意不要在谈话中流露太多感情。

2. 声音洪亮自信

说话时声音要洪亮，充满信心，语速稍快。如果服务顾问讲话声音很小会被认为是缺乏信心，不易取得该类客户的认可与信任。

3. 回答准确利落

问答直接，不必有太多的寒暄，直接说出来历或者目的，满足客户对时间的要求，用最快的速度给客户一个明确的答案，而不是模棱两可的结果。

4. 保持目光接触

沟通时，身体略微前倾，保持强烈的目光接触，目光接触是一种信心的表现，多与客户的目光接触，更容易获得客户的认可。

认知自我

著名的人际风格测试

凭直觉，迅速回答“我是谁”，而不是“我应该是谁，或我想我是谁”。

1. 关于人生观，我的内心其实是（ ）。

A. 希望能够有尽量多的人生体验，所以会有非常多样化的想法

B. 在小心合理的基础上，谨慎地确定自己的目标，一旦确定会坚定不移地去做

C. 更加注重的是取得一切有可能的成就

D. 宁愿剔除风险而享受平静或现状

2. 如果爬山旅游，在下山回来的路线选择上，我更在乎（ ）。

A. 好玩有趣，所以宁愿选择新路线下山

B. 安全稳妥，所以宁愿选择原路线返回

C. 挑战困难，所以宁愿选择新路线下山

D. 方便省心，所以宁愿选择原路线返回

3. 通常在表达一件事情上，我更看重（ ）。

A. 给对方强烈印象　　B. 表述的准确程度

C. 所能达到的最终目标　　D. 周围的人感受是否舒服

4. 在生命的大多数时候，我的内心其实更加喜欢和希望多些（ ）。

A. 刺激　　B. 安全

C. 挑战　　D. 稳定

5. 我认为自己在情感上的基本特点是（ ）。

A. 情绪多变，经常情绪波动

B. 外表上自我抑制能力强，但内心感情起伏，一旦挫伤难以平复

C. 感情不拖泥带水，较为直接，只是一旦不稳定，容易激动和发怒

D. 天生情绪四平八稳

6. 我认为自己在整个人生中，除了工作以外，在控制欲上面，我（ ）。

A. 没有控制欲，只有感染带动他人的欲望，但自控能力不算强

B. 用规则来保持我对自己的控制和对他人的要求

C. 内心是有控制欲和希望别人服从我的

D. 不会有任何兴趣去影响别人，也不愿意别人来管控我

7. 当与情人交往时，我倾向于看重（ ）。

A. 兴趣上的相容性，一起做喜欢的事情，对他的爱意溢于言表

B. 思想上的相容性，体贴入微，对他的需求很敏感

C. 智慧上的相容性，沟通重要的想法，客观地讨论、辩论事情

D. 和谐上的相容性，包容理解另一半的不同观点

8. 在人际交往时，我（ ）。

A. 心态开放，可以快速建立起友谊和人际关系

B. 非常审慎缓慢地进入，一旦认为是朋友，便长久地维持

C. 希望在人际关系中占据主导地位

D. 顺其自然，不温不火，相对被动

9. 我认为自己大多数时候更是（ ）。

A. 感情丰富的人

B. 思路清晰的人

C. 办事麻利的人

D. 心态平静的人

10. 通常我完成任务的方式是（ ）。

A. 经常会赶在最后期限前完成

B. 自己做，精确地做，不要麻烦别人

C. 先做，快速做

D. 使用传统的方法，需要时从他人处得到帮忙

11. 如果有人深深惹恼我时，我（ ）。

A. 内心感到受伤，认为没有原谅的可能，可最终很多时候还是会原谅对方

B. 深深感到愤怒，如此之深怎可忘记？我会牢记，同时未来完全避开那个家伙

C. 会火冒三丈，并且内心期望有机会狠狠地回应打击

D. 我会避免摊牌，因为那还不到那个地步，那个人多行不义必自毙，或者自己再去找新朋友

12. 在人际关系中，我最在意的是（ ）。

A. 得到他人的赞美和欢迎

B. 得到他人的理解和欣赏

C. 得到他人的感激和尊敬

D. 得到他人的尊重和接纳

13. 在工作上，我表现出来更多的是（ ）。

A. 充满热忱，有很多想法且很有灵性

B. 心思细腻，完美精确，而且为人可靠

C. 坚强而直截了当，而且有推动力

D. 有耐心，适应性强而且善于协调

14. 我过往的老师最有可能对我的评价是（ ）。

A. 情绪起伏大，善于表达和抒发情感

B. 严格保护自己的私密，有时会显得孤独或是不合群

C. 动作敏捷又独立，并且喜欢自己做事情

D. 看起来安稳轻松，反应度偏低，比较温和

15. 朋友对我的评价最有可能的是（ ）。

A. 喜欢对朋友述说事情，也有能量说服别人去做事

B. 能够提出很多周全的问题，而且需要许多精细的解说

C. 愿意直言表达想法，有时会直率而犀利地谈论不喜欢的人、事、物

D. 通常与他人一起时多听少说

16. 在帮助他人的问题上，我倾向于（ ）。

A. 多一事不如少一事，但若他来找我，那我定会帮他

B. 值得帮助的人应该帮助，锦上添花尤胜雪中送炭

C. 无关者何必要帮，但我若承诺，必完之而后释然

D. 虽无英雄打虎之胆，却有自告奋勇之心

17. 面对他人对自己的赞美，我的本能反应是（ ）。

A. 没有也无所谓，特别欣喜那也不至于

B. 我不需要那些无关痛痒的赞美，宁可他们欣赏我的能力

C. 有点怀疑对方是否认真或者立即回避众人的关注

D. 赞美总是一件令人心情非常愉悦的事

18. 面对生活的现状，我的行为习惯更加倾向于（ ）。

A. 外面怎么变化与我无关，我觉得自己这样还不错

B. 这个世界如果我没什么进步，别人就会进步，所以我需要不停地前进

C. 在所有的问题未发生之前，就应该尽量想好所有的可能性

D. 每天的生活开心快乐最重要

19. 对于规则，我内心的态度是（ ）。

A. 不愿违反规则，但可能因为松散而无法达到规则的要求

B. 打破规则，希望由自己来制定规则而不是遵守规则

C. 严格遵守规则，并且竭尽全力做到规则内的最好

D. 不喜被规则束缚，不按规则出牌会觉得新鲜有趣

20. 我认为自己在行为上的基本特点是（ ）。

A. 慢条斯理，办事按部就班，能与周围的人协调一致

B. 目标明确，集中精力为实现目标而努力，善于抓住核心要点

C. 慎重小心，为做好预防及善后，会不惜一切而尽心操劳

D. 丰富跃动，不喜欢制度和约束，倾向于快速反应

21. 在面对压力时，我比较倾向于选用（ ）。

A. 眼不见为净地化解压力

B. 压力越大抵抗力越大

C. 认为和别人讲也不一定有用，把压力留在自己的内心慢慢地咀嚼

D. 本能地回避压力，回避不掉就用各种方法来宣泄

22. 当结束一段刻骨铭心的感情时，我会（ ）。

A. 非常难受，可是日子总还是要过的，时间会冲淡一切

B. 虽然觉得受伤，但一旦下定决心，就会努力把过去的影子甩掉

C. 深陷在悲伤的情绪中，在相当长的时期里难以自拔，也不愿再接受新的人

D. 痛不欲生，需要找朋友倾诉或者找渠道发泄，寻求化解之道

23. 面对他人的倾诉，我回顾自己大多时候本能上倾向于（ ）。

A. 认同并理解对方感受

B. 做出一些定论或判断

C. 给予一些分析或推理

D. 发表一些评论或意见

24. 我在以下哪个群体中较感满足？（ ）。

A. 能心平气和最终大家达成一致结论的群体

B. 能彼此展开充分激烈的辩论的群体

C. 能详细讨论事情的好坏和影响的群体

D. 能随意无拘束地自由畅谈，同时又很开心的群体

25. 在内心的真实想法里，我觉得工作（ ）。

A. 如果不必有压力，可以让我做我熟悉的工作那就不错

B. 应该以最快的速度完成，且争取去完成更多的任务

C. 要么不做，要做就做到最好

D. 如果能将乐趣融合在里面那就太棒了，如果做不喜欢的工作实在没劲

26. 如果我是领导，我内心更希望在部属心目中是（ ）。

A. 可以亲近的和善于为他们着想的

B. 有很强的能力和富有领导力的

C. 公平公正且足以信赖的

D. 被他们喜欢并且富有感召力的

27. 我希望得到的认同方式是（ ）。

A. 无所谓别人是否认同

B. 精英群体的认同最重要

C. 只要我认同的人或者我在乎的人认同就可以了

D. 希望得到所有大众的认同

28. 当我还是个孩子的时候，我（ ）。

A. 不太会积极尝试新事物，通常比较喜欢旧有的和熟悉的

B. 是孩子王，大家经常听我的决定

C. 害羞见生人，有意识地回避

D. 调皮可爱，在大部分的情况下是乐观而又热心的

29. 如果我是父母，我也许是（ ）。

A. 不愿干涉子女或者容易被说动的

B. 严厉的或者直接给予方向性指点的

C. 用行动代替语言来表示关爱或者高要求的

D. 愿意陪伴孩子一起玩的，孩子的朋友们所喜欢和欢迎的

30. 以下有四组格言，哪组里符合我感觉的数目最多？（ ）。

A. 最深刻的真理是最简单和最平凡的；要在人世间取得成功必须大智若愚；好脾气是一个人在社交中所能穿着的最佳服饰；知足是人生在世最大的幸福

B. 走自己的路，让人家去说吧；虽然世界充满了苦难，但是苦难总是能战胜的；有所成就是人生唯一的、真正的乐趣；对我而言解决一个问题和享受一个假期一样美好

C. 一个不注意小事情的人，永远不会成功大事业；理性是灵魂中最高贵的因素，切忌浮夸铺张；与其说得过分，不如说得不全；谨慎比大胆要有力量得多

D. 与其在死的时候握着大把钱，还不如活得丰富多彩；任何时候都要最真实地对待你自己，这比什么都重要；使生活变成幻想，再把幻想化为现实；幸福不在于拥有金钱，而在于获得成就时的喜悦以及产生创造力的激情

测试计算方法：

前：1-15题合计数 A（ ） B（ ） C（ ） D（ ）

后：16-30题合计数 A（ ） B（ ） C（ ） D（ ）

把两部分的数目汇总，总数最多的类型就是你的人际风格类型。

孔雀 前A+ 后D的总数（ ）

猫头鹰 前B+ 后C的总数（ ）

老虎 前C+ 后B的总数（ ）

考拉　前D+ 后A的总数（　）

你属于哪一种人际风格类型呢?

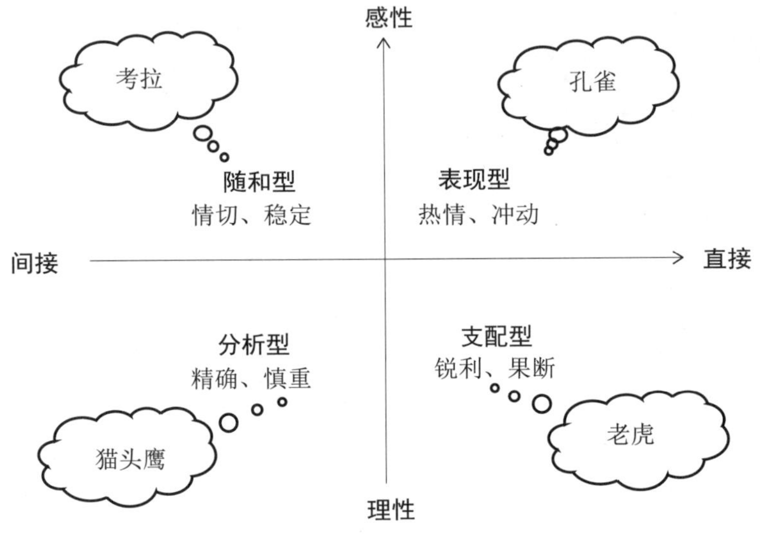

图 1-26　人际风格图

老虎型（支配型）

典型特征：企图心强，高支配性，自信权威，分析敏锐，决断力高，个性积极，竞争性强，喜欢冒险，独立自主，行动力强，讲求效率，坦率果决，结果导向，喜欢评估。不喜欢维持现状，目标一经确立便会全力以赴，不畏反抗与攻讦，誓要取得目标。

优点：善于控制局面并能果断地做出决定；表现自信，给人信心；直接表达期望以去除困惑；决策迅速明确；愿冒风险，行动力强；直接面对问题；主动完成任务；能独立作业。

缺点：在决策上较易流于专断，不易妥协，故较容易与人发生争执摩擦。当感到压力时，会过于重视迅速完成工作，容易忽视细节，可能不会顾及自己和他人的情感。要求过高，天性好胜，容易成为工作狂。

工作风格：交谈时进行直接的目光接触；有目的性且能迅速行动；说话快速且具有说服力；运用直截了当的实际性语言；办公室挂有日历、计划要点。倾向以权威作风进行决策，当其部属者除了要高度服从以外，也要有冒险犯难的勇气，为其杀敌闯关。

孔雀型（表现型）

典型特征：热情洋溢，活力四射，好交朋友，善于交际，口才流畅，表现欲强，重视形象，风度翩翩，乐观外向，诚恳热心，富同情心，通权达变，喜好趣味，标新立异，最适合人际导向的工作。擅长情绪化地表现自己，好高骛远，经常以新奇的手法处理问题，同时也愿意冒险来争取机会及实现美梦。喜好趣味、幽默和即兴的行为方式。能够鼓舞士气，常以未来的远景诱惑人、说服人、激励人心，形成一股推动团队前进的力量。

优点：生性活泼，能够使人兴奋、高效地工作，善于建立同盟或通过良好关系来实现目标，很适合需要当众表现、引人注目、态度公开的工作。创新意识强，对事物充满好奇，对生活保持新鲜感，比较感性。

缺点：因其跳跃性的思考模式，常无法顾及细节，对事情的完成执着度较低。容易过于乐观，在执行力度上需要高专业的技术精英来配合。易冲动，在工作中虽然是对事不对人，但在矛盾冲突中可能无意伤害到他人，特别是“考拉”型的人。

工作风格：运用快速的手势；面部表情特别丰富；运用有说服力的语言；工作空间里充满了各种能鼓舞人心的东西。具有高度的表达能力，有流畅无碍的口才和热情幽默的风度，在团体或社群中容易广结善缘、建立知名度。

孔雀型领导人天生具备乐观和善的性格，有真诚的同情心和感染他人的能力，在以团队合作为主的工作环境中，会有最好的表现。在任何团体内，都是人缘最好和最受欢迎的人，是最能吹起领导号角的人。当孔雀型领导人的部属者，除了要乐于在团队中工作外，还要对其领导谦逊得体，不露锋、不出头，把一切成功光华都让给领导。孔雀型领导人不宜有老虎型领导人当二把手或部属。若老虎型领导人有个孔雀型的人甘愿当其二把手，则会是最佳搭档。孔雀型的人天生具有鼓吹理想的特质，在推动新思维、执行某种新使命或推广某项宣传时，会有极出色的表现。他们在开发市场或创建产业的工作环境中最能发挥所长。

孔雀型人的行为风格是爱憎分明，有什么说什么，特长是反应快，思维方式敏捷，在危机处理方面，往往反应迅速，应急预案多，加之性格开朗、易沟通，善后工作也会处理得相当漂亮。孔雀型人是最能表达的人，公关能力超强，交往时多采取积极主动的方式，给人的第一印象很好。对待孔雀型人要以鼓励为主，给予他表现的机会，让他保持工作激情，但也要注意他的情绪化倾向并防止细节失误。

考拉型（随和型）

典型特征：行事稳健、平实敦厚、温和善良、不好冲突。有过人的耐力，支持他人、温和体贴、信赖合作、为人设想、忠心耿耿、尊重他人、讲求道义、乐观内向。容易同情他人，对他人行为动机相当敏感，在解决人际问题时，能将心比心，设身处地为他人着想，期望与他人合作，彼此信任。

优点：对他人的感情很敏感，能够在集体环境中左右逢源。

缺点：很难坚持自己的观点和迅速做出决定。一般说来，考拉型人不喜欢面对与同事意见不合的局面，不愿处理争执。

工作风格：面部表情和蔼可亲；说话慢条斯理，声音轻柔；多用赞同型、鼓励性的语言；办公室里摆有家人的照片。考拉具有高度的耐心，敦厚随和；生活讲求规律，但也随缘从容，面对困境能泰然自若。“考拉”属于行事稳健、不会夸张、强调平实的人，性情平和，不喜欢制造麻烦，温和善良。

猫头鹰型（分析型）

典型特征：传统而保守，分析力强，条理分明，责任感强，重视纪律，精确度高，是最佳的品质保证者，喜欢把细节条例化，个性拘谨含蓄，谨守分寸，忠于职责，但会让人觉得“吹毛求疵”。能够清晰分析道理，说服别人很有一套，处事客观合理，只是有时会钻牛角尖。讲求逻辑、贯彻始终、一本正经、有条不紊、谨慎小心、善于分析、精打细算、实事求是，注重细节，条理分明，责任感强，重视纪律。喜欢以精确、深思熟虑和按部就班的方式做事，在行事之前通常先收集资料，然后加以评估。一般说来，这类人大多是勤奋、客观、组织力很强的工作者。

优点：天生就有爱找出事情真相的习性，因为他们有耐心，会仔细考察所有的细节并想出合乎逻辑的解决办法。

缺点：把事实和精确度置于感情之前，常被认为感情冷漠。在压力下，有时为了避免做出结论，往往会分析过度。

工作风格：很少有面部表情；动作缓慢；使用精确的语言，注意特殊细节；办公室里挂有图表、统计数字等。

猫头鹰型人具有高度精确的能力，行事重规则轻情感，事事以规则为准绳，并以之为主导思想。性格内敛，善于以数字或规条为表达工具，不擅长以语言来沟通情感或向同事和部属等作指示。行事讲究条理分明，守纪律重承诺，喜欢把细节条例化，个性拘谨含蓄，谨守分寸，忠于职责，但会让人觉得“吹毛求疵”。

第四节 客户沟通

一、沟通

沟通是信息的传递过程，是人们借助语言、文字、图像、记号及手势，以直接或间接的方式彼此交流和传递各自的观点、思想、知识、爱好、愿望等信息的过程。沟通是一个双向、互动的反馈和理解过程。

1. 沟通过程

沟通过程包含七方面的要素：信息发送者、接收者、编码、译码、媒介、反馈、干扰。发送者根据接收者的特点，对信息进行编码，选择媒介向接收者传递消息，同时开发反馈渠道并跟踪接收者的反应，接收者对传递的信息进行处理和理解。在信息传递过程中，编码译码处理、传递媒介选择都将影响沟通的有效性，成为沟通中的噪声与干扰因素。沟通过程实质是信息传递的过程，发送者需要向接收者传递信息或者需要接收者提供信息；发送者将所要发送的信息译成接收者能够理解的一系列符号即编码过程，再把符号传递给接收者；接收者接收符号，进行信息译码，对信息内容进行理解；发送者通过反馈来了解信息是否被对方准确地接收。沟通模型如图1-27所示。

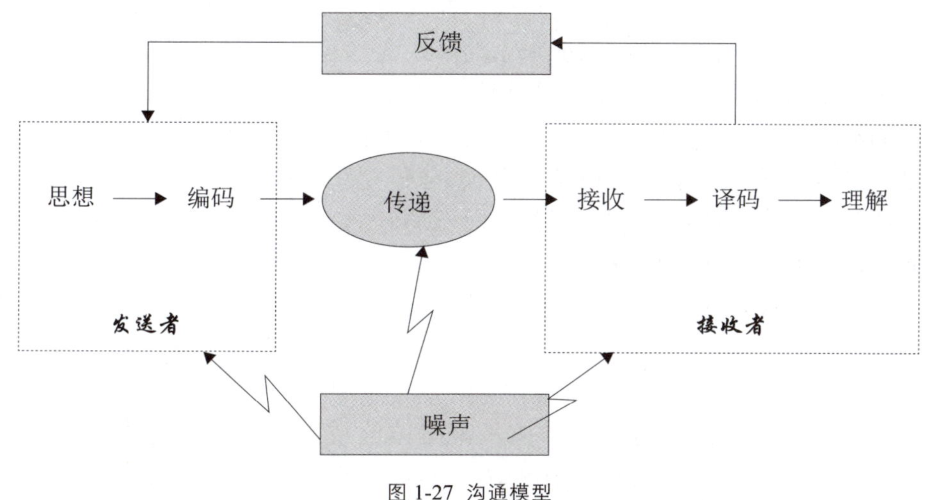

图 1-27 沟通模型

2. 沟通方式

（1）语言沟通与非语言沟通

按沟通是否以语言为载体传播，可将其分为语言沟通与非语言沟通。语言沟通包括口头语言、书面语言、图片或者图形。口头语言包括面对面谈话、开会等；书面语言包括信函、广告、传真、E-mail等；图片包括幻灯片和电影等。在沟通过程中，语言沟通较适合信息的传递。非语言沟通也即肢体语言，包括动作、表情、眼神、语音、语调等。声音里包含着非常丰富的肢体语言，同样的语言，用不同的语调、口气、节奏、停顿，表达的意思也不同。肢体语言更适合人与人之间的思想和情感沟通。

（2）正式沟通与非正式沟通

按组织沟通体制的规范程度，可以分为正式沟通与非正式沟通。正式沟通是指由组织内部明确的规章制度所规定的沟通方式，它与组织的结构密切相关，主要包括按正式组织系统发布的命令、指示、文件，召开的正式会议，正式颁布的法令、规章、手册、简报、公告，组织内部上下级之间、同事之间因工作需要而进行的正式接触。非正式沟通是以社会关系为基础，与组织内部的规章制度无关的沟通方式，它的沟通对象、时间以及内容等都是未经计划的，随机性较大，它是基于组织成员的感情和动机上的需要而自我形成的，不是由一定组织中的管理者建立的。

（3）上行沟通、下行沟通、横向沟通与斜向沟通

按信息传递方向可以划分为上行沟通、下行沟通、横向沟通与斜向沟通。上行沟通是指组织中信息从较低的层次流向较高的层次的一种沟通，主要是下属依照规定向上级提出的正式书面或口头报告，以及组织为了实行民主化管理采取的某些措施，如征求意见座谈会、建议或意见箱等。下行沟通是指组织中信息从较高的层次流向较低层次的一种沟通，它是传统组织中最主要的沟通方式，一般以命令的形式逐级向下传达上级组织所决定的政策、计划、规划等信息。横向沟通是指组织中同一层次不同部门之间的沟通。斜向沟通是指信息在不同层次不同部门间流动时的沟通。这两种沟通都跨越了不同部门，脱离了正式的逐级指挥系统，但只要在进行沟通前得到直接领导者的允许，并在沟通后把值得肯定的结果及时向直接领导汇报，就是值得提倡的。

3. 沟通障碍

沟通障碍指在沟通过程中，由于某些原因或因素导致沟通失败或无法实现沟通目的。沟通过程中存在的障碍有：沟通发起者的信息不充分或不明确；选择不正确的沟通对象；沟通的目的不明确；信息没有被正确“转

译”；选择不适宜的传递通道；接收者产生误解；信息自然增强或衰减等。

（1）沟通障碍类型

按照导致沟通障碍的主体不同，可以把沟通障碍划分为发送者障碍与接收者障碍。

①发送者障碍

与发送者相关的沟通障碍。一是目的不明，发送者进行信息交流时没有明确的目的，传递对象、传递通道与传递目的不清晰；二是表达模糊，发送者表述模糊不明确，词不达意、闪烁其词，导致信息失真，接收者无法接收准确信息；三是选择失误，发送者对传送信息时机把握不准，缺乏审时度势的能力，信息沟通对象选择失误，导致信息交流效果不佳；四是言行不当，发送者表达同一信息时，语言和肢体语言未能协调一致，造成接收者的误解。

②接收者障碍

与接收者相关的障碍。一是过度加工，接收者按主观意愿，对信息进行过滤和添加，导致信息模糊或失真；二是知觉偏差，人们在信息交流中习惯以自我为准则，往往对与自己不相关的或对自己不利的信息视而不见，从而达到防御目的；三是心理障碍，接收者的体验会影响信息接收效果，如接收者在信息交流中有受伤害的体验，就会对信息发送者产生抵触或不信任情绪，导致信息阻隔或中断；四是思想观念上的差异，接收者与发送者因认知水平、价值观、思维方式的差异，产生隔阂或误解，从而导致信息交流中断或人际关系破裂。

（2）沟通障碍产生的原因

导致沟通障碍的原因有很多，主要归纳为以下几点：

①地位因素

社会地位不同的人通常具有不同的意识、价值观和道德标准，从而造成沟通困难。不同背景的人员，对同一信息会有不同的甚至截然相反的认识，政治差别、宗教差别、职业差别等都可能造成沟通障碍，如不同年龄形成的“代沟”，不同职业形成的“隔行如隔山”等。

②组织结构因素

有些组织机构庞大，层次重叠，信息传递的中间环节太多，从而造成信息损耗和失真。也有一些组织结构不健全，沟通渠道堵塞，导致信息无法传递。处于不同层次组织的成员，对沟通的积极性也不相同，同样会造成沟通的障碍。

③文化因素

文化背景不同对沟通带来的障碍是不言而喻的，如语言不通带来交际困难，社会风俗、规范的差异引起误解等。

④个性因素

人们不同的个性倾向和个性心理特征会带来沟通障碍。气质、性格、能力、兴趣等不同，会造成人们对同一信息的不同理解，为沟通带来困难。个性缺陷也会对沟通产生不良影响，一个虚伪、卑劣、欺骗成性的人传递的信息，往往难以被人接受。

⑤社会心理因素

政治、经济、社区环境、社会传媒、风俗习惯、需要与动机等社会心理因素会对沟通产生影响。如需要和动机不同，会造成人们对同一信息的不同理解；怀有偏见和歧视的态度，会造成沟通障碍。

二、沟通技巧

有效沟通包含了说、听、问的过程，因此合理提问、积极聆听，是有效沟通的重要条件。服务顾问通过提问来搜集顾客信息，挖掘顾客需求，通过提问来控制谈话方向和内容，进行车辆问诊。服务顾问可以通过聆听了解顾客的用车状况，表达对顾客的重视、尊重和敬意。

1. 恰当表达

孔子云：“言不顺，则事不成。”有效沟通离不开说话的技巧，离不开恰当的表达。说，应首先了解顾客的需求情况，顾客的需求情况决定着他们的兴趣和爱好，事先把握对方的个性，随机应变地采用不同的说话方法，“见什么人说什么话”；其次决定恰当的话题，双方都感兴趣的话题是沟通得以进行的关键；最后根据说话的具体场合，考虑顾客的性别、年龄、文化层次和背景等因素恰当地进行表达。

服务顾问在为顾客服务时，应尽量避免使用负面语言，如“我不能”、“我不会”、“我不愿意”、“我不可以”等。服务顾问的负面语言容易打击顾客，失去顾客的信任。具体表达技巧如下：

（1）善用“我”代替“你”

在交谈时尽量用“我”代替“你”，让顾客觉得更亲切。如用专业表达“请问，我可以知道您的名字吗”代替习惯用语“你的名字叫什么”，用专业表达“我们要为您那样做，这是我们需要的”代替习惯表达“你必须……”，用专业表达“对不起，我没说清楚，但我想它的运转方式有些不同”代替习惯表达“你错了，不是那样的”，用专业表达“我愿意帮助您，但首先我需要……”代替习惯表达“如果你需要我的帮助，你必须……”，用专业表达“我得到了不同的结果，让我们一起来看到底怎么回事”代替习惯表达“你做的不正确”，用专业表达“也许我说的不够清楚，请允许我再解释一遍”代替习惯用语“你没有弄明白，这次听好了”。

（2）避免说“我不能”

服务语言中没有“我不能”，当服务顾问说“我不能”的时候，顾客的注意力不会集中在服务顾问能够给予的事情上，而会关注“为什么不能”、“凭什么不能”。服务顾问应学会用“看看我们能够帮您做什么”来代替“我不能”。

（3）避免说“我不会”

当服务顾问说“我不会”时，顾客通常会充满怀疑，认为服务顾问应该会做的，但为什么说不会呢，这样一来就会影响顾客的注意力，使他们无法集中在服务顾问讲述的内容。正确的表述方法是告诉顾客我们能做什么，虽然只能解决一部分问题，但可以通过专业技术人员解决其他问题。如“我可以帮您分析一下”、“我可以帮您看一下”。

（4）要说清“因为”

无论是让顾客接受服务顾问的建议，还是不能满足顾客提出的要求，都要清楚明白地告知顾客原因，不能只说不可以，而是要告诉顾客具体原因，表述时要习惯用“因为”，如“王先生，建议您下次来店保养提前预约，因为这样我们可以提前做好工位、配件及技师的准备，减少您维修等待的时间。”

2. 有效提问

（1）提问方式：开放式问题与封闭式问题。所谓开放式问题是能够让顾客自由回答的问题，可以利用这类问题广泛收集顾客资料，如“您能告诉我什么时候听到车辆异响”；封闭式问题即顾客只需回答是或否的问题，如“您听到车辆异响时，是行驶在城区还是高速路段”。服务顾问可以利用有效提问来明确故障症状或顾客的要求。

（2）5W2H问诊方法

5W2H的问诊方法，是服务顾问了解车辆故障时，使用的提问方法。5W2H的问诊方法包含内容如表1-7所示，具体内容详见项目三接待作业任务三车辆问诊。

表 1-7 5W2H的问诊方法包含内容

What	现象的具体特征	在什么地方怎么样感到有问题？（开放式） 能听到何种感觉的声音？（开放式）
When	时间	什么时候会出现症状？（开放式） 大约从何时开始注意到该症状的？（开放式）
Why	为什么	是否从某次修理后开始出现问题？（封闭式） 问题出现前是否有过某种异常声音？（封闭式）
Where	地点、路况	路面条件不同症状是否会发生变化？（封闭式） 感觉是从哪里发出的声音？（开放式）
Who	人员	是驾驶者，还是坐在后面的人感觉到的？（封闭式）
How	怎么样	是连续出现的，还是断续出现的？（封闭式） 该症状在进行某种操作时会出现吗？（开放式）
How much	程度、大小、频度	是否关闭门窗、不关收音机就听不到声音？（封闭式） 是否一直听得到声音？（封闭式） 声音多大？（开放式）

3. 积极聆听

听，在《说文解字》中是这样解释的：它是由“耳、壬、直、心”四字会意。“壬”是人直立的样子，整个听字的意思就是声音通过耳朵直达于心，要用心去领悟。古人对听的强调在于心，用心、诚心、一心 一意。对听字的解析如图1-28所示。

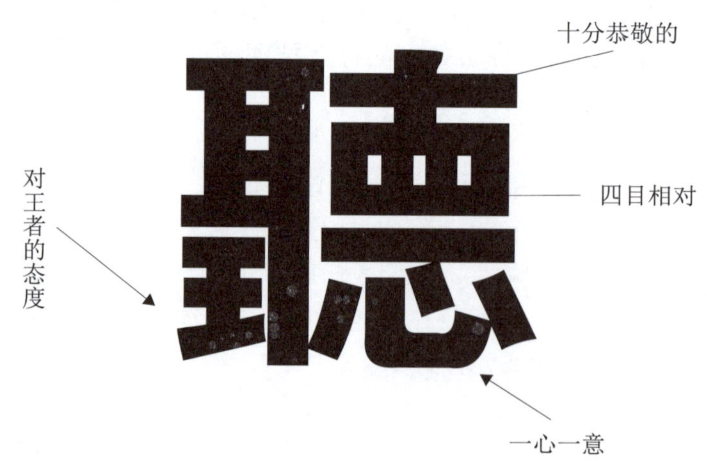

图 1-28 听字的解析

在沟通过程中，听有五个层次：听而不闻、假听、选择性地听、专注地听、设身处地地听，设身处地地听是听的最高境界。作为服务顾问，应追求设身处地地听，做到五到，不仅要“耳到”，更要“口到”（声调）、“手到”（用肢体表达）、“眼到”（观察肢体）、“心到”（用心灵体会）。

礼仪专家用“LISTEN”法来归纳聆听的技巧：Look，注视对方，试用“肯尼迪总统眼神法”；Interest，表示兴趣，多用点头、微笑、身体前倾等肢体语言；Sincere，真诚关心，留心对方的话，并做真心善良的回应；Target，锁定目标，当对方跑题时，注意引导其返回主题；Emotion，控制情绪，即便听到过分的言语，也不要发火；Neutral，中立，避免偏见，仔细聆听对方的立场，不急于捍卫自己的想法。服务顾问运用“LISTEN”法聆听，是赢得顾客信任、获得顾客认可的重要法宝。

小知识

“肯尼迪总统眼神法”就是轮流看对方的眼睛，看左眼、看右眼，再看左眼，两眼交替注视。据说肯尼迪总统经常使用这一方法，最能打动对方的心，故被命名为肯尼迪总统眼神法。

在服务顾问的工作岗位中，积极倾听具体表现在服务顾问积极聆听具体要求，如表1-8所示。

表1-8 服务顾问积极聆听具体要求

序号	积极聆听要求	积极聆听具体要求	配合语言表述
1	专注的态度	用表情、姿势告诉顾客你在听，让顾客放心，鼓励顾客讲话	是吗，噢，是这样
2	表示认同	使顾客放心，获得信赖	换成我也会这样的，我明白您的想法了
3	询问顾客车辆状况	详细确认，明确顾客的想法和意图	噪声是从什么时候开始的？请再详细解释一下可以吗？（用5W2H提问）
4	确认	确认自己的理解是否正确 确认顾客的理解是否正确	是一周以前开始有噪音的对吗？就是×××的意思，我的理解没错，是吧？
5	总结	总结讲话中的重要内容，确认与顾客的理解是否一致	您询问的是三点问题，对吗？也就是×××，您说的总结起来就是×××对吗？

小知识

沟通的黄金定律：你想怎样被对待，你就怎样对待别人。

沟通的白金定律：以别人喜欢的方式去对待他们。

某天某汽车服务企业走进一位王姓中年顾客，他因车辆突发故障来店维修。在客源成为最宝贵企业资源的今天，服务顾问张华该如何与顾客沟通，才能留住这位顾客？

三、未来汽车后市场服务需求层次分析

美国著名心理学家亚伯拉罕·马斯洛于1943年提出了需求层次理论，他把人类的需求从低到高归纳为生理、安全、社会、尊重和自我实现五个层次。一般而言，当某一较低层次得到满足后，追求更高层次就开始成为主要驱动力。对汽车消费领域的研究表明，车主对汽车产品与售后服务的需求也基本遵循这一理论，车主的类似需求同样对应为五个层次。

功能需求：车主最基本的需求，也即代步或者货运的需要。只要汽车能够正常操控行驶，能够到达目的地并拥有合理的使用成本即可。

安全需求：车主期望能够放心地驾驶车辆，对汽车质量感到信赖，不必随时担心故障与安全性。追求出行简单方便，避免用车过程中遇到困难。

情感需求：追求用车的一切过程都便捷舒适。车主希望经常被关注，不受冷遇，渴望成为同类人群中的一员，彰显对某种生活方式的认同。

尊重需求：车主期望汽车足够体面，用车过程能够带来自信和良好的感觉。车主认为汽车代表个人的成就与社会地位，希望在用车过程中受到重视与尊敬。

个性需求：这是最高层次的需求，表达车主个性、理想到达最高程度，希望汽车能够与众不同、与自己的身份相称并成为关注的焦点。

随着汽车的不断普及，低层次的需求越来越容易得到满足，因此车主的需求层次的重心必将不断上升。从长远来看，未来汽车消费者对情感、尊重、个性等的需求将越发明显。如何满足这些较高级层次的需求将成为汽车服务企业在激烈的市场竞争中获胜的关键。

工作情景案例

某天某汽车服务企业走进一位王姓中年顾客，他因车辆突发故障来店维修。在客源成为最宝贵企业资源的今天，服务顾问张华该如何与顾客沟通，才能留住这位顾客?

1. 流程

（1）热情迎接，创造良好的第一印象；

（2）规范执行服务接待流程，互动式问诊；

（3）尊重顾客的习惯，发现顾客左手拿笔签字，习惯用左手，张华抓住了这点，巧妙制造了感动。

2. 话术

“王先生，刚才是我不好，没注意到您的习惯，我向您道歉，请慢用，小心烫。”

3. 工作场景

张华在接待王先生的过程中，发现王先生习惯用左手，而之前端茶时，她并没有意识到，所以在引导王先生去休息区休息时，她灵机一动：

“王先生，刚才是我不好，没注意到您的习惯，我向您道歉，请慢用，小心烫。”（然后把杯子放在他的左手边）

客户王先生先看了一眼茶杯，然后又看了一眼张华，持续了10秒左右，最后竖着大拇指说“小姑娘，我到了这么多家4S店，所有的服务顾问都无视我这个习惯，他们只关注自己的产品与服务，一点都没注意到顾客的情况，只有你们这家4S店，只有你尊重我，小姑娘，你非常细心，我以后就到你这里来保养轿车了。”

第二章

服务预约

第一节 客户开发

一、潜在客户的来源

1. 寻找潜在客户的途径

服务顾问寻找潜在客户的途径包括以下若干方面，如表2-1所示。

表2-1 寻找潜在客户途径

潜在客户来源类别	具体描述
售后接待	客户来电或来访等
人脉	请其他客户口碑介绍，抓住客户身边的人等
售后服务活动	售后市场活动、车间开放日活动、安全驾驶训练营等
公共资源	媒体资源、政府机关、保险协会等
日常生活	亲朋好友介绍、扫楼、社交网络等
系统生成	利用互联网技术进行智能判断

2. 潜在客户的选择及判断方法

（1）准确判断潜在客户的来店影响因素

客户是否选择来店维修保养，来店意愿大小与客户对车辆的爱惜程度、对汽车服务企业的认知甚至顾客居住地与汽车服务企业的距离都息息相关，具体而言，潜在客户来店意愿受影响因素如表2-2所示。

表2-2 潜在客户来店意愿影响因素

客户来店意愿影响因素	具体描述
客户家庭地址	往往离经销商越近越可能是潜在客户
客户对车辆的关心程度	不太关心的客户会选择自己保养或路边汽配店
客户对本经销商的印象	客户对经销商良好的信赖感会提升来店几率
客户的态度	客户对品牌、经销商、工作人员等的态度
客户对本品牌的信赖	品牌忠诚度越高，越会选择经销商进行售后服务
客户对周边产品的兴趣	客户对周边产品产生兴趣，精品、附件的销售几率就会增加

（2）准确判断潜在客户的购买能力

判断潜在客户对售后产品的消费能力，是完成客户开发的重要一环，只有同时具备购买意愿和能力才能达成消费行为。判断指标主要有客户的职业、所驾驶的车型、车辆的公私性质、客户身份等。

二、潜在客户的开发方法

1. 卷地毯式访问法

卷地毯式访问法，是指服务顾问在对推销对象的情况一无所知或知之甚少时，直接走访某一特定区域或某一特定职业的所有个人或组织，以寻找准客户的方法。采用这种广泛搜寻的方法，可以捕捉到一定数量的准客户。这一方法的理论依据是平均法则，即在服务顾问走访的所有人中，准客户的数量与走访的人数成正比，想要获得更多的准客户，就要走访更多数量的人。卷地毯式访问法比较形象地说明了服务顾问寻找准客户的过程，就像家庭主妇清洗地毯一样逐一检查。采用卷地毯式访问法寻找客户，首先要挑选一条合适的“地毯”，也就是要划定适合的访问范围。服务顾问应该根据自己所提供商品的特性和用途，进行必要的区域可行性研究，确定一个较为可行的地区或对象范围。例如，如果推荐的是车辆常规保养服务，挑选的“地毯”就应该是某些收入水平较高的成熟社区；如果推销的是季节性养护服务，确定的“地毯”就应该是某个季节之前。为了得到被访者的合作，走访前最好与之联系，此外，这种方法还需要与其他方法配合使用，操作起来费用高，颇为繁琐，一般情况下用得较少。

2. 链式引荐法

链式引荐法，也叫“无限连锁介绍法”。所谓链式引荐法，就是指服务顾问在访问现在客户时，请求为其推荐可能购买同种商品或服务的准客户，以建立一种无限扩展式的链条。这是服务顾问经常使用的方法。

采用链式引荐法寻找准客户源于链传动原理，齿链之间是一环紧扣一环的啮合状态，以此带动物体移动。服务顾问必须从现有客户这一环去联系潜在客户的下一环，不断延伸，以至无穷，扩大服务顾问与准客户之间的联系面，使服务顾问所掌握的准客户源无限发展下去。

因此，链式引荐法的关键在于服务顾问首先要取信于第一个客户，并请求引荐其他的客户，由第二链节发展更多的客户，最终形成可无限扩大的“客户链”。要想使“客户链”长久运转下去，服务顾问必须不断地向链传动系统添加“润滑油”以维持各链节之间的正常运转，通过链式的传动使推销品畅通无阻地到达客户手中。这里所说的“润滑油”就是指服务顾问的个人魅力，服务顾问只有成功地将自己的人格和商品推销给现有客户，使现有客户感到满意，赢得现有客户的信任，才可能取得源源不断的新客户名单。

采用链式引荐法寻找无形产品（旅游、教育、金融、保险等）的潜在客户尤为适合，因为在服务领域里，信誉、感情和友谊显得尤为重要。但从使用范围看，工业用品更多地使用这种方法寻找潜在用户，因为同行业的工业品用户之间通常较为熟悉，且相互间有广泛的联系。

乔·吉拉德是世界上销售汽车最多的超级销售员，他平均每天都能销售五辆汽车，他是怎么做到的呢？链式引荐法是他使用的一个方法，无论任何人介绍客户向他买车，成交后，他都会付给每个介绍人25美元，25美元在当时虽不是一笔庞大的资金，但也足够吸引一些人，因为举手之劳即能赚到25美元，何乐而不为呢。

哪些人能充当介绍人呢？理论上每一个人都能充当介绍人，但有些人的职位更容易介绍大量的客户。乔·吉拉德认为银行的贷款员、汽车厂的修理人员、处理汽车赔损的保险公司职员几乎天天都能接触到欲购买新车的客户，因而他们是最合适的汽车销售介绍人。

每一个人都会使用介绍法，但要怎么进行才能取得成功呢？乔·吉拉德说：“首先，我严格规定自己‘一定要守信’、‘一定要迅速付钱’。例如，当买车的客人忘了提到介绍人时，只要有人提及‘我介绍约翰向您买了部新车，怎么还没收到介绍费呢’，我一定告诉他‘很抱歉，约翰没有告诉我，我立刻把钱送给您，您还有我的名片吗？麻烦您记得介绍客户时，把您的名字写在我的名片上，这样我就可以立刻把钱寄给您’。有些介绍人并无意赚取25美元的金额，坚决不收下这笔钱，因为他们认为收了钱心里会觉得不舒服，此时，我会送他们一份礼物，或在好的饭店安排一顿免费的大餐。”在链式引荐法的使用中，乔·吉拉德非常重视自己的品牌宣传，乔·吉拉德在中国发放的名片将自己的“卖点”显露无遗，如图2-1所示。

3. 关系拓展法

所谓关系拓展法，是指服务顾问利用自身与社会各界的种种关系寻找准客户的方法。任何一个人都不可能在真空中生活和工作，必然要与各种各样的人发生方方面面的联系，例如同学关系、师生关系、同事关系、上下级关系、亲属关系、老乡关系等。在这些关系中，有些非常亲密和熟悉，有些较为正式，有些仅是初次结识，但不管怎样，他们都可能是潜在的客户，应该把他们列入准客户名单。

图 2-1 乔·吉拉德在中国的名片

关系拓展法也是链式引荐法的一种，只是这种方法首先开启的链节是服务顾问自己的关系户，然后逐步扩散渗透，形成一张推销某一商品的关系网，关系网中的成员可能就是准客户了。关系网络图揭示了工作中处处存在的关系，如图2-2所示。

图 2-2 关系网络图

4. 中心开花法

中心开花法，是指服务顾问在某一特定的推销范围内发掘出一批具有影响力和号召力的核心人物，并且在这些核心人物的协助下把该范围内的个人或组织都变成准客户的方法。一般而言，这些核心人物或是服务顾问的客户，或是服务顾问的朋友，前提是这些中心人物都愿意与服务顾问合作。

中心开花法实际上也是一种链式传递介绍法，只是中心开花法是利用“核心人物”的链式关系来不断扩大客户群，而不是利用普通客户。因此，中心开花法的关键是找出核心人物，并极力说服这些核心人物，在取得他们的信任和支持后，就可以利用他们的影响力、权威性或示范效应，带动一大批潜在客户。例如，推销教学参考书应找到教师这样的核心人物，在得到教师的首肯后，推销的书籍就有了大量的客户——教师的学生；推销职工意外保险，如果能说服公司董事长同意为公司购买，就不用去游说每个员工了。服务顾问想要取得“核心人物”的信任和支持，首先必须让对方了解自己的工作，使对方认可服务顾问的人格，相信服务顾问能为其解决实际问题并使他得到实实在在的利益。说服核心人物，取得他们的信任和合作后，就能利用中心开花法进一步寻找准客户了。

中心开花法主要运用于金融服务、旅游、保险等无形商品及时尚性较强的有形商品推销。

5. 个人观察法

个人观察法也叫直观法，指服务顾问根据自身对周围环境的直接观察、判断、研究和分析，寻找准客户的方法。利用个人观察法寻找客户，关键在于服务顾问个人的灵感和洞察力。服务顾问应具备良好的观察能力和分析能力，善于从报纸杂志、广播电视、人们的言行举止、一些闲谈中搜寻准客户。在实际生活中，准客户无处不在，有心的服务顾问只要“睁大眼睛”、“竖起耳朵”，留心周围的事情，就会找到潜在的买主。例如，美国一名成就卓越的服务顾问，整天开着一辆新汽车在住宅区街道上转来转去，寻找旧汽车；当他发现一辆旧汽车时，就通过电话与该汽车的主人交谈，并把这辆旧汽车的主人看成是一位准客户。服务顾问也可以从各种书报杂志、广播电视节目和互联网上找到自己的准客户。

服务顾问只要善于观察和思考，就能从自己所见所闻的各种似乎互不相干的信息中找到潜在的客户。

6. 广告探查法

广告探查法是指服务顾问利用各种广告媒体寻找客户的方法。在西方国家，服务顾问用来寻找客户的主要广告媒介是直接邮寄广告（direct mail advertising）、电话广告（telephone advertising）和电子商务广告（electronic business advertising）。

广告探查法通常用于市场需求量大、覆盖面广的商品推销。推销走访前首先发动广告攻势，刺激和诱导消费需求的产生，在此条件下不失时机地派人员推销商品，把“拉引”（pull）和“推动”（push）策略结合起来，提高推销效率。广告可用的媒体很多，可以根据市场特点、产品特性、推销范围、推销对象和产品寿命周期进行综合考察后做出选择，报纸、杂志、广播、电视、互联网、邮寄目录、说明书等都可以成为理想的媒介。

通常，推销主体与推销对象之间存在信息的阻隔，运用现代化的传播手段往往能够使信息传递面拓宽，使服务顾问与准客户之间的信息沟通在短期内得以完成，缩短推销时间，拓展市场，从而大大提高推销效率。

7. 网络营销法

网络营销法是指利用互联网技术进行的客户开发活动，特别是近几年来兴起的移动互联网，为营销活动带来了革命性的改变。互联网作为信息的有效载体，可以从信息的发出者直达信息的接收者，有效减少信息传递过程中的失真、失传等问题。同时，现代企业利用移动互联网技术进行客户开发的行为越来越多，如微信、微博等社交应用早已成为强大的网络营销工具，企业利用这些平台可以迅速有效地发布信息，进行潜在客户的拓展开发。网络营销的特点如图2-3所示。

但是，网络营销也存在诸如客户信任感不强、缺乏生趣、企业促销被动性加剧等问题。相信随着网络技术的发展和互联网的普及，人们对网络营销的认识会逐渐加深，企业在网络营销上会取得令人骄傲的成绩。

图 2-3 网络营销的特点

三、开发潜在客户的步骤和话术

1. 开发潜在客户的步骤

现代营销学认为，客户需求需要挖掘、引导和激发。积极寻找客户，是每一名服务顾问的工作责任。客户开发步骤如图2-4所示。

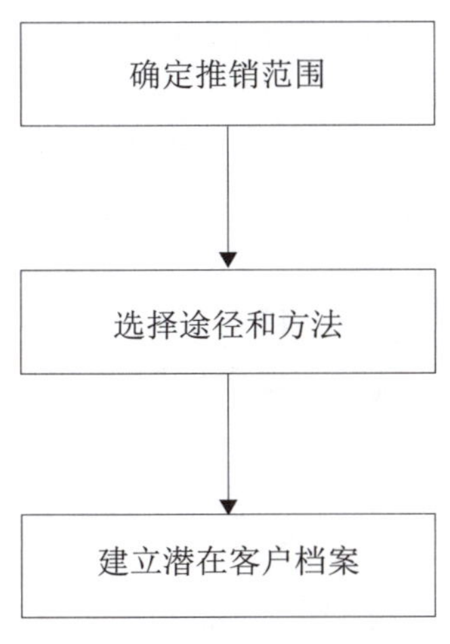

图 2-4 客户开发步骤

（1）确定售后服务产品的推销范围

在寻找潜在客户之前，首先要确定推销对象的范围，也就是要进行市场细分。不同车型的不同客户在售后产品的购买范围和购买力方面有很大差异。例如，同样是奥迪品牌，A8的车主和A4的车主对售后产品的选择和接受程度会存在较大差异。

（2）选择合适的寻找途径和方法

对于不同的售后产品，寻找潜在客户的途径大不相同。如某些高性能版本车辆的运动部件推销就不适用于每个普通客户，要采用更加有针对性的探查方法进行开发。

（3）建立潜在客户档案

对于接触过的潜在客户，必须为其建立潜在客户资料档案，对客户进行分类，以便对潜在客户进行后续开发和管理。比如某些品牌在产品销售时就要求销售顾问必须建立详细的客户资料，以便售后服务顾问对该客户进行再次开发。

2. 开发潜在客户的话术

以关系拓展法为例，想要获得更多的客户资源，就需要服务顾问利用身边一切可以利用的人脉资源，综合运用引荐、推荐、自荐等方法，尽快扩大客户资源。当面对一名潜在客户时，服务顾问要调动自身所有优势全力争取客户的信任，让其成为自己的客户。现就一些常见话术和做法进行介绍。

（1）记得向客户提到其所有的利益

在和客户进行有关业务的谈话时，利益永远是客户最关心的事，所以要提到所有对客户有用的利益，而非只陈述我们认为最好的利益。比如“您看，我们这家经销店距离您家也就10km左右，以前您保养车辆要开近一个小时的车程，现在好了，您一踩油门就到了，节省的时间都是您的。”“我们自己是新开店，当然会首先考虑客户的利益，我们会严格按照厂家规范为您的爱车提供维修服务，杜绝修理厂的粗糙做法，让您用车更加放心。”

（2）说出客户已知的利益

把客户已知的利益说出来，这样做有两个好处，一是强化客户的印象，二是避免可能的怀疑。不说出来，客户可能会认为已经取消了这项优惠，就会产生不满，而大多数情况下，客户会把不满埋在心里而不说出来。比如“我们的零件销售是全国统一价，走哪儿都一样，市面上当然有更便宜的，但我们提供原厂配件，品质是有保证的。”

（3）用客户听得懂的话说

必须肯定客户能听明白我们的话，不要用行话、术语去解释。比如在向客户解释为什么要对车辆进行按时保养时，面对并不专业的客户，完全可以用“人要经常锻炼身体”或“按时到医院体检”作比喻，这样的效果远远比纯粹的技术解释更容易令人接受。

（4）谈话构架要有建设性，方向要有把握

只有相信自己所说的话，才能让别人也相信，所以，服务顾问对自己说出来的利益要有所把握。

如“我们所有同事都一致认为这款扰流板是最好的”比“这件扰流板可能还行吧”更专业，注意不要用“可能”“大概”“应该”等含糊、不确定、没把握的语言。

（5）努力创造一个和谐轻松的环境

一个和谐轻松的环境更能成功地引导顾客，因为客户更在乎我们怎么说、说什么。例如不要说“我明白你的意思，车间的那班家伙经常乱来，真对不起”。这样会让顾客认为“你们管理上有漏洞”。而应该说“我明白您的意思，我会跟车间的技师协商一下，一小时后给您答复”。

又如千万不要说“这款车很多都有水箱漏水的毛病，又不是只有你一家”。这样会让顾客认为“你们的车辆质量根本就不过关”。而应该说“我理解这个问题给您造成的不便，我们深感抱歉，我已经把这个问题记录下来了，我会马上安排车间进行维修，请您放心”。

再如，用“我会……”表达服务意愿时，服务顾问和客户都会受益。许多客户听到“我尽可能……”后会感到生气，因为他不知道“尽可能”有多大的可能，但当他们听到“我会……”后就会平静下来，因为服务顾问表达了服务的意愿以及将要采取的行动计划。通过使用“我会……”这一技巧，服务顾问自身也能从中受益，当服务顾问说“我会……”，而且列出了需要采取的步骤时，就给了自己一个良好的开端，脑子里会明确显示出自己所必须采取的行动。

还有，要用“我理解……”以体谅对方的情绪。客户需要服务人员理解并体谅他们的情况和心情，而不要进行评价或判断。比如“不好意思耽误您时间了，我理解您此时此刻的心情，换作是我也会着急的”，能够安抚客户的情绪，缓解双方的矛盾。

工作情景案例

某日，张华经朋友介绍来到了某公司经理的办公室，这位经理负责集团用车采购，同时，他的私车恰恰是张华服务的品牌，这些信息张华早已牢记于心。“笃笃笃”，张华敲响了经理办公室的房门。

“请进。”

“早上好，季总。我是大理利星行的服务顾问张华，之前您的朋友李总介绍过我的。”张华面带自信的微笑，推门进入季总的办公室。

客户：“你好，小张。我朋友跟我提过你。”

张华：“是的，季总。李总接触过我之后很愿意帮我做宣传，真的很感谢他。”张华说着双手递上了自己的名片，“初次见面，请季总多多关照。”

客户：“你很客气，老李看人没错的。”季总也把自己的名片递给了张华。“你这次来是？”季总喜欢直来直去。

张华：“是这样的，季总，我们品牌在大奇山路338号全新开业一家4S店，我负责售后服务，今天当面来拜访您，想请您抽时间感受一下我们的全新服务，您一定不会失望的。”

客户：“我喜欢有自信的年轻人。可我定点在东郊那家店做车辆保养啊。”

张华：“是的，季总，突然不去，的确面子上有点过不去。不过没关系，您的爱车下次保养可以去我那里尝试一下，到时候您再决定到底去哪家。我刚才测算过，我们店到贵公司可是近很多啊，至少帮您节省了1个小时的时间。”

客户：“这倒也是。”季经理眉头皱了一下。

张华看在眼里，“季总，厂家对我们新开店有很多倾斜扶持政策，比如开业前三个月进店的客户即可领取精美小礼品一份。我这里预留了一部分，提前给您带来。不管您去不去，这个纪念品请您笑纳。”说着，张华就把装有本公司宣传资料和精品的纸袋递给了客户。

客户：“你太客气了，谢谢。”客户翻看着公司简介，张华简要地对公司做了介绍，从客户的表情里张华看到了信任和兴趣。

张华：“季总，时间不早了，您忙您的，我就不打扰了。”

客户：“好的，有时间我一定过去。再见。”

张华：“期待您的光临，再见。”

第二节 客户预约

一、预约的定义

从法律层面讲，预约指的是“约定将来订立一定契约的契约”。通常，人们把将来要订立的契约称为本约，而以订立本约为目标的合同就是预约。

就汽车售后服务业务而言，预约指的是经销商和客户就未来的车辆保养维修初步订立的口头或书面协议，其内容一般包括来店时间、维修保养项目、维修时长、材料价格、工时价格等。

二、常见的预约类型

预约类型根据不同的划分标准可以分为如下几类：

1. 根据预约的发起者不同进行划分

可以分为主动预约和被动预约。主动预约是指经销商主动联系客户进行预约服务；被动预约是指客户联系经销商进行预约。

就4S店的实际情况来看，被动预约量要多于主动预约量，其原因主要是主动预约无法准确估算客户的车辆状况，而大致的估算很有可能导致预约失败。但是，随着汽车技术的不断发展，现在越来越多的汽车企业都推出了远程售后服务业务，车辆会将自身动态信息及时上传汽车企业，经销商在得到准确信息后就能更有目的性地联系客户进行预约，大大提高了主动预约的成功率，同时也大大增加了经销商的业务量。

2. 根据预约所做项目不同进行划分

可以分为常规保养预约和维修预约。常规保养预约所做项目为车辆保养，目前很多企业已将常规保养项目的工时、零件进行了打包，使常规保养的价格更透明，保养时间估算更准确，在一定程度上减轻了客户的疑虑。例如，宝马的悦享保养套餐业务打包了12项保养项目，工时零件费用全部透明公开，单独保养项目向客户承诺在两个小时内完成，客户在到店之前就非常清楚保养所需费用和时间，更便于安排好日程，提高了客户的满意度。

维修项目预约指为维修车辆而进行的预约。车辆在日常行驶过程中，由于质量问题或事故原因导致车辆故障，需要进店维修。由于故障的现象和原因未清，零件是否在库、工位是否到位、工时估算等问题都需要进一步确认，所以维修项目的预约人员只能进行大致的估价和估时，预约工作人员要注意为后续报价等工作留有余地。

3. 根据预约进行的形式不同进行划分

可以分为电话预约、当面预约、书面预约等。

三、预约的作用

预约的开展可以为客户、服务顾问和经销商带来较多的利益。

1. 为客户带来的利益

对客户而言，预约可以让其提前获知车辆维修所需的时间和价格，便于客户提前安排工作和生活，提升了效率；预约客户按时到店后可以不用等待，直接维修车辆，节省了时间；各经销商一般会为预约客户设置预约维修欢迎板、小礼品等，让预约客户感受到不一样的尊贵感。

2. 为服务顾问带来的利益

对服务顾问而言，预约可以让服务顾问提前得知车辆、客户的相关信息，如故障信息、零件库存信息、客户偏好等，可以提前做好准备工作，从而节省了客户到店后服务顾问的工作时间。如上所述，预约既可以提升服务顾问的服务质量，也可以让服务顾问在单位时间内接待更多的客户 ，增加了服务顾问的进厂台次。

3. 为经销商带来的利益

从经销商的角度来看，预约可以带来效率的提高。经销商在日常运营中会遇到业务高峰期和低谷期。高峰期，就算所有工位同时开工，仍有很多客户在排队，可能引起客户抱怨甚至离店，导致经销商效率下降；低谷期，工位开工不足，同样会导致经销商效率下降。预约行为可以使经销商根据本店业务波峰波谷出现的规律，人为对客户来店时间进行干预，从而有效地削峰填谷，提升运营效率。

四、预约的流程和话术

1. 预约流程

电话预约工作流程如图2-5所示。

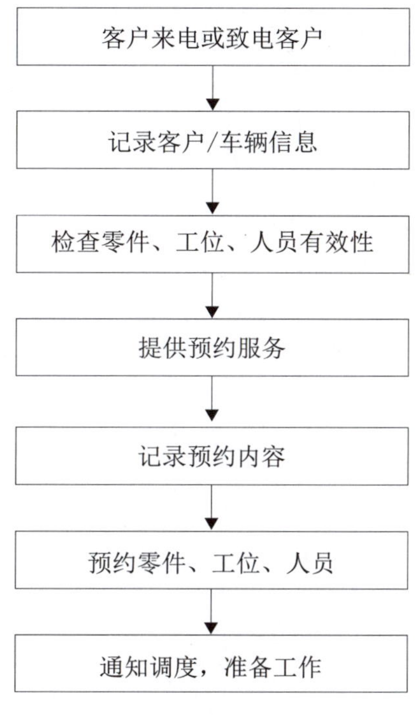

图 2-5 预约电话工作流程

2. 预约话术

汽车服务企业主动拨打预约电话就是主动预约，反之接听预约电话就是被动预约，主动、被动的区别是按照经销商是否拨打电话界定的。接下来分别进行话术要点介绍。

（1）拨打预约电话的话术，如图2-6所示：

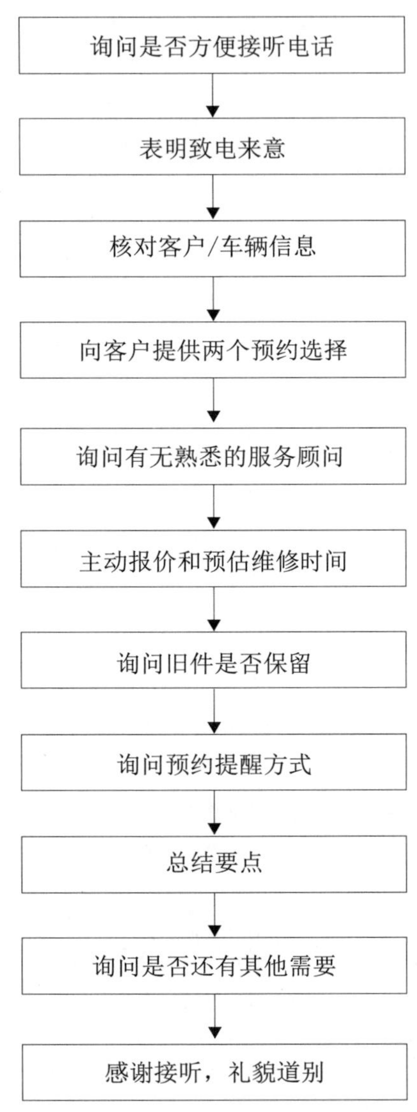

图 2-6 预约电话拨打话术

（2）接听预约电话的话术，如图2-7所示：

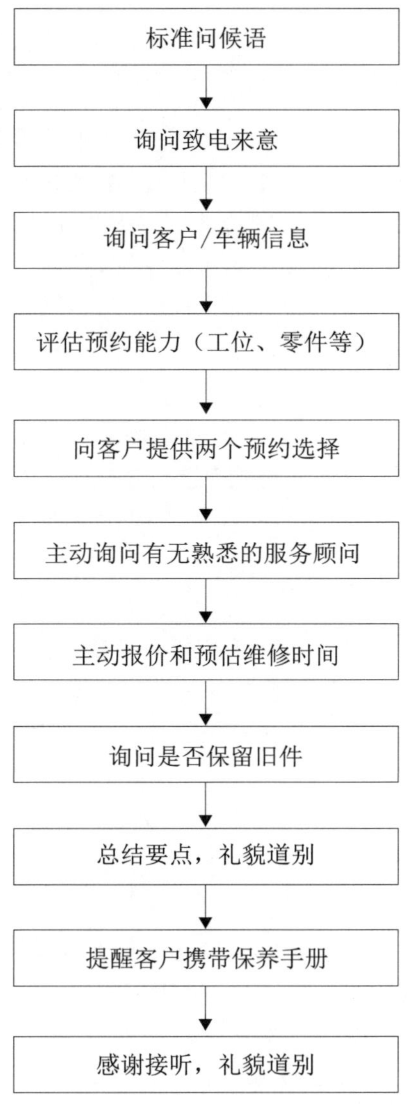

图 2-7 预约电话接听话术

电话的主动预约和被动预约流程，内容基本一致，主要的区别在于电话接通时，主动预约的工作人员一定要询问客户是否方便接听电话，而被动预约则不存在此环节。

工作情景案例

在上次的售后部门会议后，所有服务顾问都竭尽全力进行客户开发，由于方法得当，大家都取得了不少客户资源，售后前台的预约电话响个不停，大家逐渐进入到忙碌的工作状态。今天服务顾问张华一上班就接到了公司前台转来的客户季先生的预约电话，她可以胜任吗？

工作场景

张华在电话铃响起的三声之内接起了电话，“上午好，这里是大理锐星行，我是服务顾问张华，很高兴为您服务。”

客户：“小张你好。我是上次你来拜访过的季东升，还记得我吗？我想给我的车换换机油。”

张华：“哦，季先生您好，我当然记得了。很高兴接到您的电话并能为您服务。请问您的爱车车型、车牌号和行驶里程是多少？”

客户：“我的车子是S350，差不多跑了14000km，车牌号是云A99887。”

张华：“好的，季先生。您的电话就是这个来电号码吗？”

客户：“是的。”

张华：“好的，季先生。请问您在明天下午2点钟还是后天上午9点钟过来呢？”

客户：“明天来吧。”

张华：“好的，明天下午2点钟来店。请问季先生在我店有没有熟悉的服务顾问，到时候可以由他为您提供一对一服务。”

客户：“没有，到时候找你可以吗？”

张华：“没问题，感谢您对我的信任。季先生，根据您的爱车的行驶里程，本次机油保养所需费用约为1100元，从您来店到离开，我们承诺在2个小时内完成所有工作，您看行吗？”

客户：“好的。”

张华：“季先生，您这次机油保养换下来的旧件需不需要保留？”

客户：“不需要。”

张华：“那好，我们会对您的爱车更换下来的旧件做环保处理，感谢您对环保事业的支持。麻烦问一下，我们会在今天下午对您进行预约提醒，请问您是方便接电话还是收短信？”

客户："短信吧。"

张华："好的，季先生，今天下午4点，我会将您的预约信息和我店详细地址发送到您的手机上，到时麻烦您再原文转发给我确认就好了。"

客户："好的。"

张华："谢谢季先生，再耽误您1分钟的时间，我们核对一下您的预约信息好吗？"

客户："好的。"

张华："季东升先生，您的电话号码是123456789，您的爱车S350云A99887将于明天12月23日下午2点钟来店进行15000km的机油保养，所需费用和时间分别为1100元和2个小时，旧件不需要保留，服务顾问张华到时为您提供服务，您核对一下有问题吗？"

客户："好的，没问题。"

张华："非常感谢您的信赖，到时候麻烦您携带好保养手册，按照约定时间来店的客户我们会有小礼品赠送。请问还有什么可以帮到您的吗？"

客户："谢谢，没有了。"

张华："好的季先生，感谢您的来电，祝您用车愉快，请您先挂电话。"

客户："好的，再见。"

张华："再见，季先生。"

友情小贴士

服务顾问七不问

1. 不问年龄

不要当面询问客户的年龄，尤其是女性。也不要绕着弯从别处打听客户的年龄。

2. 不问婚姻

婚姻纯属个人隐私，向别人打听这方面的信息是不礼貌的。若是向异性打听，则更不恰当。

3. 不问收入

收入在某种程度上与个人能力和地位有关，是一个人的脸面。与收入有关的住宅、财产等也不宜谈论。

4. 不问地址

除非你想去客户家拜访（那也要看客户是否邀请你），一般不要询问客户的家庭住址。

5. 不问经历

个人经历是一个人的底牌，甚至包括隐私，所以不要打听客户的经历。

6. 不问信仰

宗教信仰和政治见解是非常严肃的事，不能信口开河。

7. 不问身体

不要问客户的体重，不能随便评论客户的身材。不能问客户是否做过整容手术，是否戴假发或义齿。

第三章
接待作业

第一节 到店客户接待

一、服务接待的职责

服务是保证用户满意的最重要工具，也是与用户保持联系的工具。对于大多数客户而言，把汽车送来维修保养不是一次愉快的体验，客户通常认为这是一件烦心的事，他们只考虑保养的不利之处，如保养费用是多少、需要多长时间、这段时间没车用该怎么办等，而首次来店的客户，则会担心4S店是否会增加一些不必要的项目，担心被宰或被糊弄。

服务顾问是客户进入4S店后最先接触到的人，他们必须向客户提供最优质的服务和最真诚的关心，从而获得客户的信任，促进维修车间在整个经销部门中的任务完成。服务顾问的主要职责有：

1. 热情主动地接待客户，急客户所急，想客户所想，用心为顾客服务。

2. 分析车主的需求，进行针对性的推介。积极向客户宣传公司的政策，维护公司的品牌形象。

3. 提供优质的服务，做一个认真的倾听者和记录员。

4. 接待时对车辆进行仔细检查。

5. 进行快速专业的预诊断，根据车主的问题提出保养和维修建议。

6. 提供透明、准确的维修价格。

7. 做好交车后的跟踪服务，提高客户的满意率。

二、接待前的准备

开始接待工作之前，应对预约车辆情况、相关部门人员出勤情况、工作用具情况、环境设施情况、自己的着装、仪表和精神状态进行逐一检查，如有问题应及时纠正。接待前的准备工作主要包括工具准备、人员到位、工作环境布置和仪容仪表整理等四项内容。

1. 工具准备

接待工作中会使用到很多工具，服务顾问必须非常清楚每一种工具的定位、数量和性能，如果客户看到服务顾问手忙脚乱地翻找工具，会降低对服务顾问的信任度，并对服务顾问产生不信任的印象。为了更好地服务客户并使自己拥有良好的工作心情，服务顾问必须按5S的方法检查并维护各种工具。服务顾问需要准备的材料及功用如表3-1所示。

表3-1 服务顾问需要准备的材料及功用

工具或材料名称	功能	使用时间
文件夹、名片等	便于资料携带，方便与客户联络	主动出迎时
预约标识牌	标识预约客户类型	主动出迎时
四件套	保护并避免污染内饰	车辆环检时
环车检查单	记录或确认车辆环检及问诊信息	车辆环检时
吸油纸	擦拭机油标尺	检查机油状况时
维修委托书	汇总维修或保养信息，让客户签字确认	信息核实与确认时

友情小贴士

把脚垫折成A4纸大小或者卷成桶状，把方向盘套、挡把套和座套放入其中并放在指定的地点做好标识，方便拿取。

2. 人员到位

在接待工作开始之前，我们需要对一天的接待量进行预测以确保工作人员的服务能力。而作为服务顾问，需要考虑以下几个方面：

（1）服务顾问人员

所有服务顾问是否正常到岗。如果有人缺岗，意味着其他服务顾问的接待工作量将增加，高峰时期的接待效率必须提高，因此一些不紧急的工作可能需要调整到第二天再做。

（2）维修人员

车间的维修人员和维修能力是否充足。如果留厂车数量过大，即使维修人员人数足够也可能无法满足当日的维修需求，甚至形成恶性循环。

（3）技术人员

技术专家或主力维修人员是否在岗。要保证在发现疑难技术问题时，能够在最短的时间内找到技术人员来解决。

（4）管理人员

上级领导是否在岗。以便出现重大问题可以尽快寻求支持。

3. 工作环境布置

接待前需要检查以下几个方面：

（1）接待台周围的环境卫生情况；

（2）客户的座椅；

（3）桌面（工具摆放）的清洁程度；

（4）停车区是否有充足的车位；

（5）雨雪天气是否准备好雨伞，大门口有无防滑设施；

（6）接待区和休息区的温度/湿度/气味/音乐；

（7）充足的纸杯、饮料和饮用水。

4. 仪容仪表整理

仪容仪表是服务的基本素质要求，请检查自己在以下方面是否符合标准：

（1）工装整洁；

（2）胸卡佩戴正确；

（3）头发整齐，不过长或过短；

（4）胡须定期修剪；

（5）不佩戴饰品；

（6）口气清新。

准备工作虽然项目繁多，但如果养成定期检查的习惯，就不会占用太多的时间。坚持工作前的准备可以帮助服务顾问养成主动准备工作的素养，用十分钟的主动工作换来全天的顺畅，杜绝盲目被动的工作方法，使自己能够在工作中找到更多的乐趣，更好地为客户服务。

三、客户接待

在工具设施准备完毕，进入服务状态后，张华就可以开始接待季先生了。接待客户又称主动出迎，指在见到客户后第一时间对客户进行主动、热情的问候，使客户能够感受到热情、友好的氛围，尽快进入舒适体验。主要流程如图3-1所示。

图 3-1 主动出迎的流程

1. 细节和礼仪

（1）在指引客户将车辆停到指定接待区域时，要使用指引手势，而且不能站在车的正前方阻碍行驶。

（2）车辆停下后，服务顾问应该主动上前，为客户打开车门，邀请客户下车，并且用手挡住客户头部，防止客户撞在车门上。

（3）客户下车后，服务顾问应该主动为客户关上车门，关车门时需要放轻动作，展现专业性和对客户车辆的爱护。

（4）对于预约的客户，服务顾问应该先做自我介绍，同时递上名片，要注意名片中印有姓名的一面朝上，文字方向朝着客户，双手递上。

（5）引导顾客进入服务区后，应核对服务信息，包括客户信息（姓名、车牌号等），来店服务项目信息（维修项目等）。询问时注意聆听，不要强加自己的主观意识，要分清客户的主要目的和次要目的，避免思维定式、主次不分。

（6）为车辆放置预约标识牌（通常放在主驾挡风玻璃内侧），并告知预约的便利之处。

2. 标准语言

服务顾问需要使用标准的服务语言，让顾客感受到专业，如“您好，欢迎光临”“早上好”“您好，请坐”“您好，很高兴为您服务”“您好，我是服务顾问×××请问有什么可以帮助您的”“您好，此次保养之外，还需要我为您做些什么吗？”等。

工作情景案例

客户季先生6个月前在4S店购买了一辆某品牌的A级车，这次预约早上8点来4S店做第二次保养。服务顾问张华负责接待季先生。张华还在实习期内，以前跟着师傅一起接车，这次他能单独完成吗？张华该如何接待这位季先生呢？

1. 流程

（1）工具、人员、工作环境和仪容仪表确认。

（2）热情主动迎接，使用正确的手势指引车辆。

（3）主动为季先生打开车门。

（4）遵循3.3定律。3秒内与季先生目光交流，微笑表示欢迎；30秒内完成递送名片、自我介绍等工作，充分展现服务顾问的热情及专业。

（5）确认季先生来店的服务项目，主动询问有无其他需求。

（6）在合适的地方放上预约标识牌。

（7）认真倾听，在接待过程中注意礼貌礼节。

2. 话术

（1）您好，小心碰头。

（2）欢迎光临，本店将为您提供最优质的服务。

（3）季先生，您可真准时，我们已经为您安排好了工位和技师。

（4）您好，季先生，我是本店的服务顾问张华，很高兴为您服务。

（5）您此次过来是做10000km的保养，还有其他的需要吗?

（6）我为您放上预约标示牌，以保证车间优先保养您的车辆。

3. 工作场景

张华从电脑上查询到今天维修技师张师傅正常上班，她松了一口气，因为上次季先生的车子就是由张师傅做的保养，季先生感觉很不错。张华抬头一看时钟，7点50分，离季先生的预约时间还有10分钟，于是站起来整理衣服，把夹板、四件套、名片、吸油纸、预约标识牌等准备好，她忽然看到地上有一张用过的餐巾纸，于是走过去捡起来扔进了垃圾桶。正在这时，门口的引导员通过对讲机告诉张华，季先生已经进4S店大门了。

张华快步来到门口，使用标准的手势引导季先生把车停到了指定位置，然后站在门柱边为季先生打开车门，季先生客气地说：“谢谢你。”张华说：“不用谢，这是我们应该做的。”待季先生下车后，张华为季先生关上车门，季先生竖起了大拇指，表示张华的服务工作很到位。张华含蓄地笑了笑，对季先生说：“谢谢您，您来得可真准时，我们的车间已经为您准备好了工位和技师。”然后双手递上名片，进行了自我介绍。张华知道季先生是来做第二次保养的，但不知道季先生还有没有其他的需求，于是，与季先生核对好基本信息后，张华又问：“季先生，您此次过来除了做保养，还有其他的需要吗？”季先生摇摇头，然后，张华向季先生拿了车钥匙，在前挡风玻璃上放置了预约标识牌，告诉季先生会优先保养他的车子，季先生听了很高兴。

第二节　环车检查

一、环车检查的作用

在环车检查时，服务顾问必须邀请客户一同进行，目的是一同确认故障问题，规避风险。检查中发现的任何问题都应该向客户指出，并在维修委托书上注明，避免交车时发生纠纷。同时环车检查还可以帮助客户了解自己车辆的基本情况，保证与客户取车时的车辆情况一致。与顾客一起进行环车检查的目的有：

1. 明确顾客的主要维修项目，如是保养还是维修；
2. 记录车辆以前的损伤情况，如有无刮擦等；
3. 记录所有一级遗失或损坏的部件；
4. 发现额外需要完成的工作（顾客没有发现的问题）；
5. 提醒顾客存放或带走车内的贵重物品；
6. 有效减少后期交车时可能产生的争议，避免造成对企业不利的索赔；

所以，服务顾问必须要求客户一同进行环车检查，避免不必要的麻烦。

二、环车检查的流程

环车检查必须按照一定的顺序进行，这样不仅可以避免检查时漏项，而且可以避免围着车来回走动，提高了检查的效率。流程如图3-2所示。

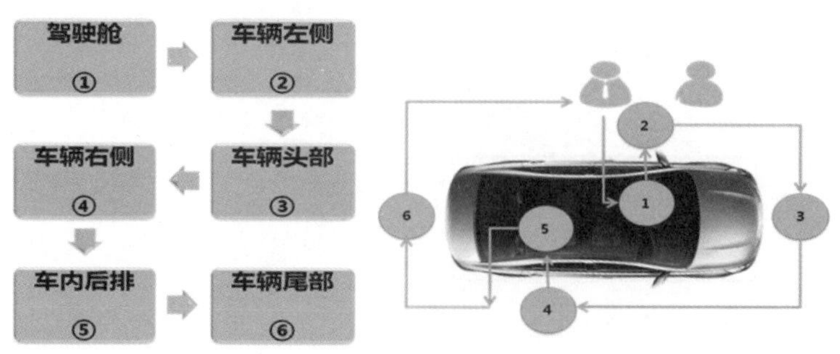

图 3-2　环车检查流程图

各方位的检查项目都不同，各方位环车检查的项目如表3-2所示。

表3-2 各方位环车检查的项目

检查方位	序号	检查项目	具体操作
驾驶舱	1	四件套	正确铺放四件套
	2	主驾安全带	检查有无裂纹，延展性和锁止性是否正常
	3	座椅调节	调节座椅位置，检查调节是否正常
	4	四门玻璃升降	调节玻璃升降，检查升降器是否正常
	5	后视镜	调节后视镜位置，检查调节是否灵敏，后视镜外观是否破损
	6	灯光照明控制	打开、关闭照明系统，检查控制是否正常，灯光照明是否正常
	7	雨刮控制	打开、关闭雨刮控制，检查控制是否正常
	8	空调系统	启动发动机，开、闭空调系统，检查控制是否正常
	9	里程数、存油量	记录里程数、存油量，并告知客户
	10	前排储物格	检查开闭是否正常，有无贵重物品，做好提醒工作
车辆左侧	1	左侧前后、车门	检查外观漆面是否有刮痕、撞击痕，能否正常开闭
	2	左侧前、后车轮	测量轮胎花纹深度，检查胎侧有无异样磨损，轮辋是否正常，气门嘴帽是否完好
	3	左侧尾部	检查外观漆面是否有刮痕、撞击痕
	4	左侧翼子板	检查外观漆面是否有刮痕、撞击痕
	5	VIN码	记录VIN码
	6	雨刮片	翻转雨刮片，检查是否出现老化迹象
	7	左侧后视镜	调节后视镜，检查调节是否灵敏，外观是否破损
头部	1	引擎盖	检查外观漆面是否有刮痕、撞击痕，能否正常开闭
	2	前大灯	检查外观是否完好，内部是否有水蒸气
	3	前保险杠	检查外观漆面是否有刮痕、撞击痕
	4	蓄电池	检查电桩是否松动，指示灯是否显示正常
	5	发动机油	拔出机油尺，检查机油油面高度是否正常
车辆右侧	1	右侧前后、车门	检查外观漆面是否有刮痕、撞击痕，能否正常开闭
	2	右侧前、后车轮	测量轮胎花纹深度，检查胎侧有无异样磨损，轮辋是否正常，气门嘴帽是否完好
	3	右侧翼子板	检查外观漆面是否有刮痕、撞击痕
	4	右侧尾部	检查外观漆面是否有刮痕、撞击痕
	5	右侧后视镜	调节后视镜，检查调节是否灵敏，外观是否破损
	6	油箱盖	旋转油箱盖，检查是否能正常开闭

（续表）

检查方位	序号	检查项目	具体操作
车内后排	1	后排安全带	检查有无裂纹，延展性和锁止性是否正常
	2	储物格	开闭是否正常，有无贵重物品，做好提醒工作
	3	地图袋	检查有无贵重物品，并做好提醒工作
	4	后排阅读灯	打开、关闭后排阅读灯，检查是否能够正常开闭
	5	后排中央扶手	检查有无贵重物品，是否能正常开闭
	6	后排座椅	外观是否完整、清洁
车辆尾部	1	后保险杠	检查外观漆面是否有刮痕、撞击痕
	2	行李舱盖	检查外观漆面是否有刮痕、撞击痕，能否正常开闭
	3	尾灯	检查外观是否完好，内部是否有水蒸气
	4	行李舱照明	检查是否能够正常开闭
	5	随车工具	找到随车工具，并检查是否齐全，功能是否完好
	6	备胎	检查备胎使用情况，是否使用过

三、环车检查的步骤

1. 环车检查的步骤

（1）预约标识摆放完毕，邀请客户一同进行环车检查，并告知客户环车检查的好处

（如可以找出车辆潜在的问题，对车辆维修进行预判）。

（2）铺放四件套，在初步了解客户需求之后（如判定客户车辆需要进行维修或保养），第一时间对客户车辆进行防护。对客户车辆的重视体现了对客户的关心和尊重，能够使客户感觉舒适。

在未使用四件套前（有些企业使用三件套或五件套），禁止任何工作人员进入客户车内，即使客户表示不需要，我们仍要表示出自己的工作态度和对客户车辆的重视程度。在驾驶客户车辆、开关车门、检查电器故障时，都要小心、轻柔，决不可在与客户交谈时扒靠在车门、车辆上。

（3）进入驾驶舱，进行驾驶舱方位检查，记录里程数和存油量，并告知客户服务完毕后，数据会产生少量变动；征得客户同意后，对引擎盖、油箱盖、后备箱进行解锁。

（4）检查车辆左侧方位，包括车身外观、车轮、翼子板等，主要检查漆面、轮胎的花纹、钢圈表面、气门嘴帽等。

（5）检查车辆头部方位，包括前大灯、前保险杠、引擎盖等；打开引擎

盖，检查发动机舱内液量是否标准，在检查机油时，需拔出机油尺；检查管路是否老化和破漏。

（6）检查车辆右侧方位，包括车身外观、车轮、翼子板等，主要检查漆面、轮胎的花纹、钢圈表面、气门嘴帽等，检查要求与车辆左侧方位相同；进入副驾驶室，检查安全带、副驾座椅、副驾玻璃升降、副驾后视镜调节，在征得客户同意后，检查手套箱，如有贵重物品，提醒客户带走。

（7）检查车内后排方位，包括后玻璃升降、阅读灯、后排中央扶手、地图袋、后排安全带等。

（8）检查车辆尾部方位，包括外观、尾灯表面、后保险杠；征得客户同意后，打开行李舱盖，检查行李舱照明、随车工具、备胎。

（9）环车结束，将检查结果告知客户，并要求客户在环检表中确认签字。

2. 环车检查的注意事项

（1）检查时，请使用环车检查表，记录环检时发现的问题和顾客的描述。

（2）询问客户车辆使用情况，对客户反映的故障进行问诊和记录。

（3）发现问题并确诊后，针对相关项目，合理推销增项业务。

（4）环检结束后，将检查结果告知客户，并让客户在环检表上确认签字。

（5）邀请客户进入接待室洽谈，提醒客户带好保养手册，并带上车钥匙，为车辆上锁。

工作情景案例

季先生来店后，服务顾问张华热情地接待了他，从沟通中得知顾客对车子的使用状态比较满意。张华也适时赞美了季先生，并邀请季先生一起对车辆做环车检查。可是季先生觉得来做保养就只要换个机油就好了，车子各个部件工作也挺正常，没有环车检查的必要，这纯粹是浪费时间。经过张华的再三解释与邀请，季先生同意一起进行环车检查。可刚检查到一半，季先生又抱怨时间太久了，服务顾问张华该怎么办呢？

1. 流程

（1）告知季先生环车检查的好处。

（2）铺放四件套，告知客户铺放的好处，体现服务顾问的专业性。

（3）按照正确的环车检查流程完成检查。

（4）注意与季先生沟通，适时提供专业的用车建议。

（5）认真倾听，注意礼貌礼节。

（6）适时奉上赞美话语。

2. 话术

（1）季先生，我能邀请您与我一同为您的爱车做一个环车检查吗？环车检查可以避免项目的遗漏和贵重物品的遗留。

（2）季先生，我将进入您的爱车检查电气设备，希望您妥善保管车内的贵重物品。

（3）季先生，您的爱车行驶了4862km，还有3/4存油。

（4）接下来需要打开您的爱车的发动机舱盖、后备箱盖及油箱盖，可以吗?

（5）让您久等了，车内没有贵重物品的遗留，再耽误您几分钟，我们一起确认一下车辆的外观好吗?

（6）您看机油的液面位置正常，但机油已经变质了，的确该更换了，适时的更换可以延长发动机的使用寿命，保证动力性和燃油经济性。

3. 工作场景

放上预约标识牌后，张华邀请季先生与自己一起为车辆做一个环车检查，可季先生让张华自己检查一下就好了，上次来做保养时，他和服务顾问一起环车检查，要花挺长时间，觉得没有必要，他想去休息室坐一下。张华告诉季先生，仔细的环车检查可以避免项目的遗漏和贵重物品的遗留，希望季先生能和自己一起为车辆做环车检查。

张华为车辆套上了防护用品后，从驾驶室开始检查，一边检查，一边还赞扬季先生车子的内部很整洁。张华从安全带到中控门锁，从天窗到储物空间，从空调到娱乐个性化设置，每个地方都检查得很是细致，还在手套箱里找出一部手机，请季先生妥善保管。驾驶室检查完毕后，征得季先生的同意，张华打开了行李箱盖、引擎盖和油箱盖。可正要开始检查车辆外观时，季先生又提出不想环车检查了，这让张华很为难。

前段时间，张华的同事接待了一位客户，不想进行环车检查，张华的同事就简单地看了一下。车辆比较脏，张华的同事以为不会有大的划痕，就没有洗车验车。保养完成后，维修人员把车开到了洗车房，洗车后发现车辆前保险杠有一处较大的刮擦。客户大闹，说自己的车从没有刮擦过，肯定是在车间出的事情，最后服务总监出面答应免费给车辆补漆才罢休。这就是环车检查不仔细造成的重大后果。事后，服务总监召集所有服务顾问开了会，要求环车检查时必须有客户陪同，一起对车辆进行仔细的环车检查。

张华想到就觉得后怕，但不可以告诉季先生是因为这个原因，只得再次对季先生说，仔细的环检可以帮助我们及时发现潜在问题，帮助技师进行针对性维修，如果等进了车间再发现问题，还要再找您确认，反而更耽误您的时间，同时，我们一同确认可以避免贵重物品的遗留和不必要的麻烦，帮助您更好地了解车辆。

4. 环车检查中的顾客常见问题

（1）顾客要求更换自带机油

女士，我不建议您使用自带机油，因为我们的发动机和机油是同期研发的，可以保证各项参数指标完全匹配，而非原厂件做不到这一点，如果使用非原厂机油的话，可能会影响您爱车的保修，甚至对您爱车的发动机产生不良影响，这对您来说是非常不合算的，所以我还是建议您使用原厂机油。

（2）顾客抱怨工时费高，询问工时费怎么算

女士，我店所有维修项目均按公司保修标准工时制定，这个工时的制定标准不只看维修的实际施工时间，还包括了维修施工的技术难度、故障检查和备件的运储费用。而且在维修过程中，小到螺丝，大到车辆的每一个部件，均按整车生产厂的标准数据进行操作，可以保证您的爱车保持最佳的使用状态，延长车辆的使用寿命。

（3）顾客抱怨4S店太远（不愿来4S店保养维修）

感谢您对我们的信任，这么远过来一次确实不太方便。但我们店的技师都是通过严格认证的，我们使用的都是原厂备件，有严谨的工艺流程和先进可靠的设备，而您的车辆在保修期内如果因外面做保养造成不良的后果，我们是不承担责任的，同时您也失去了保修的权利，所以我建议您还是要定时来我们4S店做保养。

（4）质疑维修保养费用过高

我店所有维修费用均按国家保修标准制定，技师也都通过了严格的国家认证，使用的都是原厂备件，有严谨的工艺流程和先进可靠的设备，我们全心全意为您服务。

（5）顾客要求打折

①针对预约顾客

女士，因为您是预约顾客，所以我们已经在工时费上为您打过折了，而且××××万km的保养不仅是更换机油及三滤，还包括对您爱车的底盘、制动系统、蓄电池等几十个项目的维修，其中还有很多是免费赠送给您的，所以这个价格是非常划算的。

②非预约顾客

建议您下次过来前记得预约，这样既能在工时费上给您打折，又减少了您非维修时间的等待。

（6）顾客忘记带保养手册

保养手册记录了您爱车的维修保养信息，这些信息可以帮助技师为您的爱车提供更好的养护服务，建议您下次带来，本次我将为您打印电子保养记录。

（7）贵重物品遗漏

①在环车检查时发现贵重物品，建议顾客带走，顾客问为什么要带走？

在维修保养的时候，有可能我们的技师会打开您的后备箱，为了不损坏您的贵重物品，我建议您带走比较好。

②如果顾客不愿意带走贵重物品怎么办？

您看这样可以吗，您的物品我先替您暂时保管，交车时再为您放回原位，请您放心！

（8）不愿一同进行环车检查

女士，仔细的环检可以帮助我们及时发现潜在问题，帮助技师进行针对性维修，如果等进了车间再发现问题，还要再找您确认，反而更耽误您的时间。同时，我们一同确认可以避免贵重物品的遗留和不必要的麻烦，帮助您更好地了解车辆。

（9）抱怨配件价格过高

我们店的备件都是原厂件，品质有保证，价格都是全国统一的。同时，凡在我店购买的备件均享受一年或两万km的保修期。而且优质的备件可以延长您爱车的使用寿命，保证您的行车安全。

（10）抱怨喷漆时间长

女士，喷漆时间长主要是因为工序较多，另外烤漆是有工艺要求的，每道工艺都需要一定的时间来完成，并且有的工序要等到上一道油漆干透后才可以做。本着为客户负责，同时为了保证我们的维修质量，势必会造成时间相对较长，请您谅解！

（11）顾客担心车辆在车间进行维修时受损

本店的技师都通过了公司的资质认证，而且维修项目也是严格按照公司要求进行操作的。您可以通过我们的透明车间实时观察维修过程，所以您不必担心。

（12）为什么要检查机油

女士，检查机油是为了检查发动机的机油量和泄漏情况。

（13）为什么要补漆

这处刮擦已经伤到了底漆，如果不及时补漆的话，不仅影响美观，还会导致漆面大面积剥落，出现锈蚀现象。

(14) 补漆费用为什么这么贵

我们补漆不只是针对这一处刮擦，而是对您爱车的整个右前翼子板进行喷漆，保证漆面光滑和平整，并且我们采用的是原厂漆，有着严谨的工艺流程，请您放心。

(15) 用水清洗发动机舱内部可以吗?

发动机舱内部有很多线束、传感器等电子元件，所以不能用水清洗，稍后技师会用专业设备免费帮您的爱车进行清洗，请您放心!

(16) 希望一个小时完成保养

本着为您负责的态度，同时为了保证我们的维修质量，我们的每一项保养都有严格的要求，所以势必会造成时间相对较长，请您见谅。

第三节 车辆问诊

一、问诊的重要性

人生病要去医院，车辆维修保养要去维修企业，所以服务顾问就相当于医院的分诊台护士。服务顾问不仅要接待客户，也要初步确定车辆的故障，以便开具派工单。服务顾问准确问诊车辆的能力直接反映了他的工作能力。服务顾问应做到车辆第一次进厂即能以专业的问诊正确引导维修方向，有效解决顾客的诉求，防止再次返修。

正确的问诊可以指引派工的方向，引导技师维修的方向，如果未能做好问诊，会导致顾客不信任服务顾问，从而影响顾客对企业的满意度。

二、问诊的技巧

1. 问诊的流程

正确的故障问诊流程有利于引出话题，分析故障产生的原因，拉近服务顾问与客户的关系，体现服务顾问的专业度。问诊的流程如表3-3所示。

表3-3 故障问诊流程

步骤	方法
明确车辆故障的现象	利用5W2H方法，详细了解故障的现象
推测故障产生的原因	判断故障产生的原因，是正常现象还是顾客的误判，原因无法明确则进入下一步
故障的处理方法	需要试车，则邀请顾客一同前往，如不需要试车，则交技师维修判断

2. 问诊的方法

提问有很多分类方式，主要有开放式、封闭式、选择式三种。

开放式问句回答没有固定答案，如“你从哪儿来？”这种提问方式便于打开话题，尤其针对不愿沟通的人。但开放式问句范围太广，不适合确认信息。

封闭式问句回答只有“是”和“否”“好”和“不好”“有”和“没

有”等。这种方式便于引导谈话、结束谈话、确认事实。

选择式问句提问方式比较接近封闭式问句。例如顾客来4S店时，要给顾客拿饮料，如果问“你要什么？”后又回答顾客“啤酒，没有！”“咖啡，没有！”就会让顾客觉得工作不专业。这时给对方一些选择，如“你要果汁还是可乐？”就比较合适。

服务顾问在对车辆进行问诊时，采用开放式、封闭式相结合的问句比较好。如“你的车有什么问题？”“车子有异响。”“是怠速时响还是开起来响还是直行时响还是拐弯时响，是颠簸路响还是平路上响？”可以更顺畅地得到我们想要的信息。

三种提问类型各有优点和不足，在实际工作中要灵活运用。

3. 明确车辆故障的方法

在环检中，通过与客户沟通，可以了解车辆的使用状况，对于客户反映的故障问题，可以使用5W2H问诊法（When，Where，Who，Why，What，How，How much）。

通过提问能够缩小实际故障范围和原因，为维修技师提供信息，提高故障的一次性修复率。具体提问如下：

（1）车辆使用时，故障通常在什么时间段出现——故障发生的时间（when）。

（2）车辆行驶在怎样的路况下，会出现故障——故障发生的地点（where）。

（3）车辆一般是谁在使用，故障是谁发现的——故障发生的当事人（who）。

（4）故障是如何出现的，是否有碰撞或零部件损坏等——故障发生的原因（why）。

（5）故障出现时有什么现象，如声音、车辆行驶异状等——故障发生的现象（what）。

（6）状况出现时，是如何操作的——故障发生时的操作（How）。

（7）故障出现频率是怎样的——故障发生的频率（How much）。

三、汽车常见的故障

汽车常见的故障及导致故障的一般原因如表3-4所示。

表3-4 汽车常见故障及一般原因

序号	故障名称	故障现象	故障原因分析
1	发动机不能启动	发动机不能启动	发动机控制系统（ECU）故障 曲轴位置传感器故障或燃油压力调节器过低 点火控制系统故障
2	发动机启动困难	发动机热车和冷车启动困难，常常需要点火超过3秒	混合气偏浓或偏稀 冷却液温度信号不正常 点火正时不正确 喷油器堵塞或滴漏
3	发动机油耗高	发动机油耗超标，有时伴随怠速不稳、排气管冒黑烟等现象	冷却液温度传感器工作失常 空气流量计或进气压力传感器工作失常 节气门位置传感器工作失常 燃油压力偏高
4	发动机怠速发抖	发动机怠速不稳，发动机故障指示灯偶尔会闪亮	点火系统工作不良 燃油系统工作不良 空气流量计或进气压力传感器信号不良 节气门位置传感器信号不良
5	发动机加速不良	发动机在中高速时有发闯和车速上不去现象，在低速行驶时则没有；出现故障时，发动机故障指示灯不亮	点火系统工作不良 燃油系统工作不良 空气流量计或进气压力传感器信号不良 节气门位置传感器信号不良
6	发动机自动熄火	汽车在行驶途中经常间歇性熄火，熄火后启动发动机，有时能启动，有时不能启动	点火系统工作不良 燃油系统工作不良 空气流量计或进气压力传感器信号不良 节气门位置传感器信号不良
7	制动跑偏	在中高速紧急制动时，汽车整车向左或右偏转，驾驶人感觉转向盘向左或右偏转	轮胎磨损严重不均匀 制动时车轮的制动力严重失调 后轮内外轮胎直径差别大 制动系统或悬架部分突然发生故障、左右轮制动力不相等
8	制动失效	汽车制动失灵	主缸内无油或缺油 主缸内碗踏翻或损坏 某机械连接部位脱开

（续表）

序号	故障名称	故障现象	故障原因分析
9	ABS制动拖滞	制动时有拖滞现象	左右轮轮速传感器故障 相关路线故障 ABS控制器故障
10	自动变速器无高速挡	汽车行驶中无高速挡	主油路压力与温度异常 自动变速器电控部分异常 节气门位置传感器信号失准
11	变速器乱挡	行驶时挡位不准	变速杆球头定位销松旷、损坏或变速杆球头磨损过大 变速叉轴互锁销钉磨损过大，失去互锁作用
12	轮胎异常磨损	轮胎磨损快，驾驶人反映方向不稳	轮胎气压不正常 前轮定位不准 驾驶人驾驶方式造成影响
13	汽车起步时有撞击声，行驶中始终有异响	汽车起步时传动轴有撞击声响；行驶中当车速变换或高速挡低速行驶时有撞击声；整个行驶过程中响声不断	传动轴各凸缘转接处有松动 万向节轴承磨损松旷 中间轴承支架固定螺栓松动

四、汽车常见故障的问诊

汽车常见故障的问诊方法如表3-5所示。

表3-5 汽车常见故障的问诊

部件	内容
发动机故障问诊要点	发动机工作温度：发动机温度低、发动机暖车时、发动机温度正常 发动机工作状况：怠速、急加速、匀速 车辆行驶路面状况：平直路面、转弯、颠簸路面 故障频率：偶尔出现、一直出现、只在某个转弯或速度下出现 车辆行驶状况：停止、急加速、匀速行驶 其他：问题具体描述、是否伴随故障警报、保养状况 发动机工作环境：寒冷天气、炎热天气、雨雪天气

（续表）

部件	内容
动力系统问诊要点	工作挡位：1、2、3 故障出现时机：升挡、1进2、2进3 变速箱操作模式：经济、手动、雪地 行驶条件：直线、转弯、急加速 发动机转速：怠速、高速、低速 温度条件：水温高、低、冷车 故障发生频率：偶然、一直、间歇性、周期性 路面条件：平直路面、颠簸路面、上坡 其他：有无故障报警
动力传动系统问诊示例1 - 异响	能描述一下是什么样的异响吗？（当当声、嗒嗒声、刺啦刺啦声、哐当声等） 这个声音的发出部位是哪里？（发动机舱、底部、左前、右前等） 什么时候发现这个声音的？（时间或里程） 这种异响发生的频率是什么？（一直都有还是偶尔出现，是间歇性的还是周期性的） 这种异响一般什么时候出现？（换挡时、匀速行驶时、滑行时、刹车时、加速时等） 这种异响在什么挡位出现？（1、2、3、4、5、P、R、N、D） 出现异响时是在什么路面？（所有路面、平直路面、颠簸路面） 在什么行驶状况下出现最频繁？（直线、转弯、高速、低速、上坡等） 出现异响时是否有其他现象？（故障灯、抖动等）
动力传动系统问诊示例2 - 换挡困难（手动变速器）	哪一挡换挡困难？（空挡挂1挡、1挡挂2挡，2挡挂3挡、3挡挂4挡、4挡挂5挡、空挡挂倒挡） 换挡时的转速是多少？ 换挡时的车速是多少千米/时？ 出现换挡困难时变速箱处于热车还是冷车状态？ 车子的行驶里程是多少km？ 换挡困难的现象出现多长时间了？（里程和时间）
制动系统问诊示例1 - 制动踏板硬	什么时候发现制动踏板硬的？（时间或里程） 故障出现时发动机转速是多少？（高速、怠速、停止） 故障出现时车辆是哪种行驶状态？（加速、减速、匀速、静止、转弯、爬坡、原地方向打死等） 故障出现时正在使用哪些车上设备？（空调、音响） 故障出现时车辆的挡位是多少？ 什么时候换的刹车油或刹车片？（根据车辆的购买时间和行驶里程）

（续表）

部件	内容
制动系统问诊示例2 - 制动距离长	制动时路面状况怎样？（柏油路、水泥路、土路、沙石路、湿滑路面） 什么时候发现制动距离变长了？（时间或里程） 出现制动距离长时车辆的行驶时间？（刚开始上路、行驶了一段时间后等） 这种现象出现的频率是多少？（一直都是这样、偶尔、特定条件下等） 什么时候换的刹车油或刹车片？（根据车辆的购买时间和行驶里程） 车辆轮胎状况怎样？ 车辆是满载还是半载？（坐了几个人）
转向和行走系统问诊示例1 - 行驶跑偏	什么时候出现行驶跑偏现象？（时间或里程） 向哪个方向跑偏？(向左还是向右) 行驶跑偏有多严重？（行驶100m大概偏离距离） 在什么路面上跑偏？（高速公路、乡村道路） 车速多少时开始跑偏？
转向和行走系统问诊示例2 - 抖动	什么时候出现抖动现象？（时间或里程） 能描述一下抖动的样子吗？ 出现抖动时车辆的行驶状况是什么？（直线匀速、直线加速、直线/转弯制动、转弯） 在什么路面上出现抖动？（水泥、柏油、沙石、湿滑、结冰等） 车速多少时开始出现抖动现象？（××km/h，或高速、中速、低速下等）
舒适性系统 - 空调问诊示例——空调制冷不足	出现故障时发动机转速多少？（高速、中速、低速、怠速） 车子的行驶速度是多少？（高速行、中速行驶、低速行驶、静止） 当时的气温是多少？ 这种现象出现的频率是多少？（偶尔出现、一直出现、断续出现） 出现故障时发动机的温度是多少？（水温表指示） 打开空调时发动机的转速有什么变化吗？（升高、不变、降低） 打开空调时冷却风扇是否高速运转？（提示客户是否能听到风扇高速运转声）
车身系统问诊示例——安全气囊灯亮	什么时候首次出现气囊灯亮的？ 气囊灯是一直亮还是偶尔亮？ 除了气囊灯亮，还有什么其他的异常现象吗？（如灯光开关、巡航定速等） 是否进行过有关安全气囊的修理？

工作情景案例

在环车检查过程中，季先生无意间提到车子有时会发出响声，不知道正不正常。服务顾问张华想起师傅说的，车子有响声一般都是发动机异响，常见的原因是发动机有积炭，于是张华建议季先生做一个发动机积炭清洗。你觉得张华的做法对吗?

应对措施

1. 流程

（1）引出问题，询问车辆的使用情况，以及保养后有怎样的打算，从而充分挖掘顾客的需求。

（2）利用5W2H的方法进行进一步的问诊和确认，如询问发生该故障的时间，在什么路况下发生的，具体的症状是怎样的，怎样操作会发生这种症状等，以初步判断汽车的故障。

（3）给出服务顾问的判断，分析故障可能产生的原因。

（4）建议技师查看或路试，体现对顾客的尊重。

（5）注意礼貌礼节，认真倾听、适时记录，使顾客有一种被重视和认可的感觉。

（6）如果顾客对问诊问题很专业，应适时奉上赞美用语。

2. 话术

（1）季先生，请问这个故障是持续性的还是间歇性的?

（2）季先生，在什么样的路况下会出现这种现象?

（3）出现这种现象的时候发动机转速高吗?

（4）您先别着急，引起发动机异响的原因有很多，比如喷油器堵塞、空气流量计故障或点火系统不正确等。

（5）稍后我将安排我们的专业技师为您的爱车进行一个全面的电脑检测，以便确认它的具体情况，您看这样可以吗?

3. 工作场景

环车检查时，张华和季先生聊天，张华问季先生最近有没有出游的打算，季先生表示刚从外地旅游回来，张华找准时机，告诉季先生，会安排技师为他的车辆做一个仔细的底盘检查，而且是免费的。季先生很高兴，顺便问张华，其他车主有没有反映过车子有异响，因为季先生不确定这是不是正常现象。

张华感受到了季先生的疑虑，开始对车辆进行问诊。

张华：“季先生，您是指发动机有异响还是车子其他部位有异响呢？”

季先生：“发动机。”

张华：“季先生，请问这个现象是持续性还是间歇性的？”

季先生：“间歇性的吧。”

张华：“季先生，在什么样的路况下会出现这个现象？”

季先生：“这个不是很清楚，好像什么路况都会有这个情况。”

张华：“季先生，出现这个现象的时候发动机转速高吗？”

季先生：“不高，怠速。”

张华：“季先生，您先别着急，引起发动机异响的原因有很多，比如喷油器堵塞、空气流量计故障或点火系统不正常等。稍后我将安排我们的专业技师为您的爱车进行一个全面的电脑检测，以便确认它的具体情况，您看这样可以吗？”

张华话毕，季先生表示希望技师帮忙检查一下，看看有没有什么问题，张华在环车检查单上做好了记录。

4. 常见故障应对话术

（1）发动机启动困难

问诊：

①请问是冷启动困难还是热启动困难？

②您的爱车出现这个现象多久了？

③是经常出现还是偶尔出现？

话术：

×先生，您先别着急，引起发动机启动困难的原因有很多，比如喷油器堵塞、空气流量计故障或点火系统不正常等，造成气门积炭、节气门脏污、喷油嘴雾化不良，我建议您清洗喷油嘴，您看您是否有时间，稍后我会安排我们的专业技师与您一同进行路试，以便确认您的爱车的具体情况，您看这样可以吗？

（2）发动机油耗高

问诊：

①请问您的爱车百km油耗是多少？

②您平时开车时速是多少？

③您的爱车的排气管是冒黑烟吗？

④您的爱车出现这个现象多久了？

话术：

情况一：新车还处在磨合期

×先生，您先别着急，由于您的爱车还处在磨合期，各零件之间需要一个磨合的过程，所以势必会造成油耗相对较高，等过了这个阶段，油耗就慢慢降下来恢复正常了。如果您实在不放心，稍后我将安排我们的专业技师为您的爱车进行一个全面的电脑检测，以便确认它的具体情况，您看这样可以吗？

情况二：车辆已经过了磨合期，开的时间较长了

×先生，您先别着急，引起车辆油耗较高的原因有很多，比如喷油器堵塞、空气流量计故障或点火系统不正常等，而且您的爱车已经行驶了3万km，喷油器内可能有过多的积炭产生，我建议您清洗一下喷油器，这样能够让汽油充分雾化，使燃烧更加充分。

（3）发动机抖动

问诊：

①您平时开车是在市区多还是在高速多？

②您平时开车时时速不高吧？

③您的爱车出现这个现象多久了？

话术：

×先生，您先别着急，引起发动机怠速抖动的原因有很多，比如喷油器堵塞、空气流量计故障或点火系统不正常等，由于您的爱车总是在市区低速行驶，使气门积炭、节气门脏污、喷油嘴雾化不良，我建议您清洗节气门，稍后我将安排我们的专业技师为您的爱车进行一个全面的电脑检测，以便确认它的具体情况，您看这样可以吗？

（4）发动机加速不良（提速慢）

问诊：

①您在加速时是转速无法上升还是上升得很慢？

②出现这个现象的时候发动机会抖动吗？

③这个现象出现多久了？

话术：

×先生，您先别着急，引起发动机加速不良的原因有很多，比如喷油器堵塞、空气流量计故障或点火系统不正常等。针对您说的情况，可能是油路或气路导致的混合气过稀，高压线不良，稍后我将安排我们的专业技师为您的爱车进行一个全面的电脑检测，以便确认它的具体情况，您看这样可以吗？

（5）发动机自动熄火

问诊:

①请问是抖动熄火还是突然熄火?

②什么路况下会出现这个问题?

③这个现象出现多久了?

话术:

×先生，您先别着急，引起发动机自动熄火的原因有很多，比如喷油器堵塞、空气流量计故障或点火系统不正常等。稍后我将安排我们的专业技师为您的爱车进行一个全面的电脑检测，以便确认它的具体情况，您看这样可以吗?

(6) 车辆跑偏

问诊:

①您爱车是行驶时跑偏还是制动时跑偏?

②是向左跑偏还是向右跑偏?

③是总向一个方向跑偏吗?

④在行驶时，方向盘会自动偏转吗?

话术:

×先生，您别着急，在日常的行车过程中，有轻微的向右跑偏是正常的，但像您所说的跑偏严重的话，可能是因为路况或时速、轮胎气压不正确、四轮定位不正常等。您看您是否有时间，稍后我将安排我们的技师与您一同进行路试，以便确认您的爱车的具体情况，您看这样可以吗?

(7) 发动机异响

问诊:

①请问是持续性还是间歇性的?

②在什么样的路况下会出现这个现象?

③出现这个现象的时候发动机转速高吗?

话术:

×先生，您先别着急，引起发动机异响的原因有很多，比如喷油器堵塞、空气流量计故障或点火系统不正常等。稍后我将安排我们的专业技师为您的爱车进行一个全面的电脑检测，以便确认它的具体情况，您看这样可以吗?

(8) 车身异响

问诊:

①请问您的爱车出现这个现象多久了?

②在什么样的路况下会出现这个现象?

③出现这个现象的时候您的时速是多少?

话术:

×先生，您先别着急，车辆在行驶过程中承受着很大的压力，因为路面颠簸，会导致局部扭曲变形，这种变形虽小，但积累后会导致各零件之间有摩擦，所以会产生异响。您看您是否有时间，稍后我将安排我们的技师与您一同进行路试，以便确认您的爱车的具体情况，您看这样可以吗?

（9）制动失灵

问诊:

①您能详细描述一下这个情况吗?

②您是觉得制动距离明显变长了呢，还是发现刹车变软了呢?

③您的爱车出现这个现象多久了?

④您是在车辆连续制动时发现制动效果不好，还是在平时刹车时就感觉不对呢?

话术:

×先生，您先别着急，引起车辆制动失灵的原因有很多，比如制动液不足、管路严重破裂或接头脱节等。稍后我将安排我们的专业技师为您的爱车进行一个全面的电脑检测，以便确认它的具体情况，您看这样可以吗?

第四节 精品推介

随着汽车的日益普及，汽车的保有量逐年上升，4S店的盈利点从汽车销售逐步转移到了汽车售后服务，而在汽车售后服务中，汽车的精品销售是企业最大的盈利点之一。

一、汽车精品

所谓汽车精品，就是指对汽车的功能、内饰、外观、个人偏好进行补充，以达到美化外观及内饰、维护与完善汽车性能、展现个性化特点的汽车配件、美容养护等产品的总称。汽车精品的分类如表3-6所示。

表3-6 汽车精品的分类

防护产品	车膜、底盘装甲、发动机钢护板、封釉套装、地胶、脚垫、后备箱垫、蜡刷掸子、挡泥板、新车磨合剂、燃油添加剂、玻璃水、防盗螺栓
美容产品	铝合金轮毂、前后大灯罩、坐垫、LED迎宾踏板、真皮方向盘套、尾翼、牌照框、鲨鱼鳍、门边饰条、雨眉
电子精品	多媒体导航、氙气大灯、倒车雷达、音响升级
纪念小精品	香水、钥匙扣、智能钥匙套、标志LOGO

二、汽车精品销售的方法

由于精品部分可有可无，因而客户比较容易对推销产生抵触情绪，洽谈时应尽量根据客户的需求通过明确客观的分析与详细的功能讲解，让客户明白这个精品是非常适合自己的，不要使客户产生强买强卖的推销感觉。服务顾问必须通过对顾客用车状况的了解，挖掘客户的需求，积极地向客户提出针对性的建立以达成精品成交。

1. 要通过沟通来挖掘客户的需求

客户对精品的消费需求不仅出现在买新车时，在车辆使用一段时间后更是推销精品的好时机，服务顾问一定要在环车检查时与客户多沟通，充分了解客户的需求，利用THFAB方法针对性地进行推介。

THFAB法是一种产品介绍法。T（Trouble）指问题；H（Harm）指危害；F（Feature）指特征，即产品的固有属性；A（Advantage）指优点，即由产品特性所带来的产品优势；B（Benefit）指好处，即顾客通过使用产品所得到的好处，这些好处源自产品的特性和优点。THFAB法就是一种将产品本身的特性和将带给客户的利益相结合的介绍方式。

（1）发现了故障和问题（T）；

（2）告知客户这个故障或者问题会给客户和车辆造成什么样的危害（H）；

（3）告知客户能提供的解决方案和服务（F）；

（4）解释解决方案和服务的优点（A）；

（5）强调带其带来的最实际的好处（B）。

例如：客户反映座椅污迹较难清理，服务顾问可以这样解释：确实座椅脏（问题）会影响美观，而且看起来不卫生（危害），建议您购买一瓶泡沫清洁剂（特性），可以有效清除内饰污渍（优势），使您的爱车时刻保持清洁（好处）。

2. 要用客户听得懂的语言

服务顾问不能用太专业的话术来介绍精品，如“ABS采用电子机械控制，以更快更精密地控制刹车油压的收放，达到防止车轮抱死的作用”，客户听了会感到云里雾里，不明白有什么吸引力，但如果告诉客户ABS是车轮防抱死系统，可以防止车辆在雨天踩刹车时发生危险，使车辆的安全性大大提高，顾客可能就会产生较大的兴趣了。

3. 用心

一定要注意用心去感动客户，真诚诉说精品能为客户带来的好处，站在客户的立场进行推销，而不是为了销售而推销。

工作情景案例

在环车检查的过程中，张华和季先生聊着家常，气氛很不错。在检查后保险杠时，张华发现车辆漆面有多处刮擦，张华觉得季先生很好沟通，就对季先生开玩笑，说他的车技肯定不好，车子被刮了很多处，建议季先生补漆并购买一个倒车影像。张华说本店的倒车影像很便宜，只要3800元，没想到季先生一下子黑了脸。你觉得张华哪里做得不对?

应对措施

1. 流程

（1）在精品销售时，一定不要立刻推销，而是要先与顾客拉近距离，适时地奉上赞美。

（2）咨询、提出问题，为推销设置场景。

（3）利用THFAB方法介绍精品的功能。

（4）利用促销手段。

（5）认真倾听，注意顾客的感受。

2. 话术

（1）季先生，您的车漆看起来很光亮，看来您真是一个爱车之人，很懂得车子的保养吧。

（2）季先生，您平时倒车时看不到后面的路况会不会感觉很困难，倒车一不小心就会刮到车辆吧?

（3）如果您安装了倒车影像装置，当汽车挂入倒挡时，系统会自动接通位于车尾的高清摄像头，将车后方的情况清晰地显示在液晶显示屏上，让您准确把握后方路况。

（4）我店正在搞活动，凡到店购买精品备件的顾客均能享受8.8折优惠，并有200元抵扣券相赠，同时我们会为您免费安装，您还可以按时来我店进行免费升级，非常划算。

3. 工作场景

问诊后，张华和季先生检查完右后门，来到了车辆的尾部，张华低头一看，发现车辆的后保险杠有一处明显的刮擦，张华记得师傅说过，造成后保险杠的刮擦多半是因为驾驶员车技不好，看不到车后方情况而造成估计错误。张华马上同季先生开玩笑，说他的车技肯定不好，车子被刮了很多处，让季先生补漆并购买一个倒车影像。张华说本店的倒车影像很便宜，只要3800元，没想到季先生一下子黑了脸。

环车检查结束后，张华去请教师傅，师傅听了张华的叙述后摇了摇头，对张华说：“在精品销售时，一定不要立刻推销，立刻推销产品是大忌，而是要先拉近与顾客的距离。比如看到车辆有刮擦，可以说‘季先生，您的车漆看起来很光亮，看来您很懂得车子的保养吧。’用这样的方式开启谈话较有利于精品的推销。”张华点点头，觉得师傅的话很有道理。师傅又告诉张华，然后要建议客户把车漆补好，“比如‘您的爱车的这处刮擦已经伤到了底漆，如果不及时补漆，不仅影响美观，还会导致漆面大面积剥落，出现锈蚀现象。我建议您这次修补一下。’如果顾客认同你的观点，就可以询问客户，平时倒车时看不到后面的路况会不会感觉很困难，倒车一不小心就会刮到车辆吧？让顾客体会没有倒车影像确实不方便。此时，可以利用THFAB方法，介绍本店的倒车影像。你可以这样说‘安装了倒车影像装置，当汽车挂入倒挡时，系统会自动接通位于车尾的高清摄像头，将车后方的情况清晰地显示在液晶显示屏上，让您准确把握后方路况。’让顾客感受到安装倒车影像的好处。”

张华问师傅，如果顾客觉得倒车影像很好，但价格偏贵，能否便宜点卖该怎么办，师傅告诉张华，精品推销时不建议直接报出价格，而应该宣传本店的优惠活动，比如“我店正在搞活动，凡到店购买精品备件的顾客均能享受8.8折优惠并有200元抵扣券相赠。”“如果本店没有活动怎么办？”张华疑惑地问师傅，师傅告诉张华，这种情况下可以告诉顾客我们提供的免费活动，比如：“我们会免费为您安装，您还可以按时来我店进行免费升级，非常划算。”让顾客切切实实感受到实惠。

张华听了师傅的讲述，觉得受益匪浅，原来服务接待要学的内容那么多。

第五节 估时估价

一、汽车保养的类型

汽车在使用过程中，由于零部件的磨损、变形等原因，会导致车辆的动力性能下降，安全可靠性降低。为了延缓机件的磨损和损伤，必须定期对车辆进行保养，使汽车时刻处于良好的运行状态。汽车保养主要分定期保养和非定期保养两种，如图3-3所示。

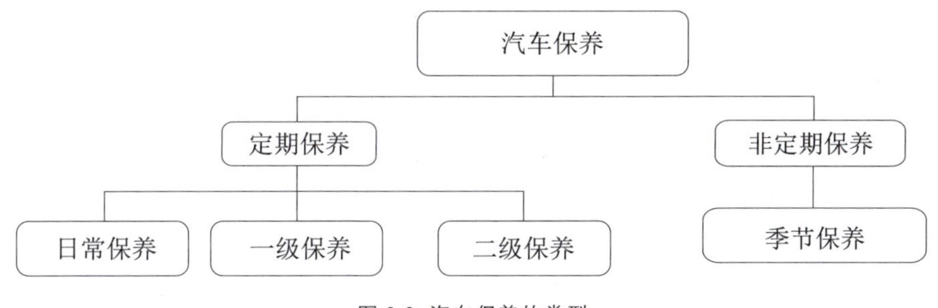

图 3-3 汽车保养的类型

1. 定期保养

即汽车按照行驶的时间和里程数，定期进行保养，主要有日常保养、一级保养和二级保养三种类型。

（1）日常保养：是日常性的车辆维护作业，每天由驾驶员对车辆进行清洁、补给和安全方面的检视。如对汽车的燃油、润滑油及特殊工作液进行加注补充，对蓄电池进行充电，对轮胎进行补气等。

（2）一级保养：由维修企业完成，周期通常为2000—3000km，或根据车况要求，主要以清洁、润滑、紧固为主，并检查制动、操纵等安全部件，按规定力矩紧固汽车外露部分螺栓、螺母，加注润滑油，以维持汽车的工作能力，确保行车安全。

（3）二级保养：由维修企业完成，在一级保养作业的基础上，以检查、调整为重心，消除在维护时发现的故障和隐患。

友情小贴士

第一次到4S店进行的定期保养，俗称首保。一般而言，生产厂家规定，凡是车辆行驶到规定里程，就应该接受新车首次免费保养。如果不及时进行首保，会对汽车的使用造成很大影响。保养后，经销商和客户需共同在保养手册上签字确认。

2. 非定期保养

即为了使汽车能够适应季节、气候的变化，在季节转换之前，结合定期维护，所做的保养项目。非定期保养分为夏季保养和冬季保养，如图3-4所示。

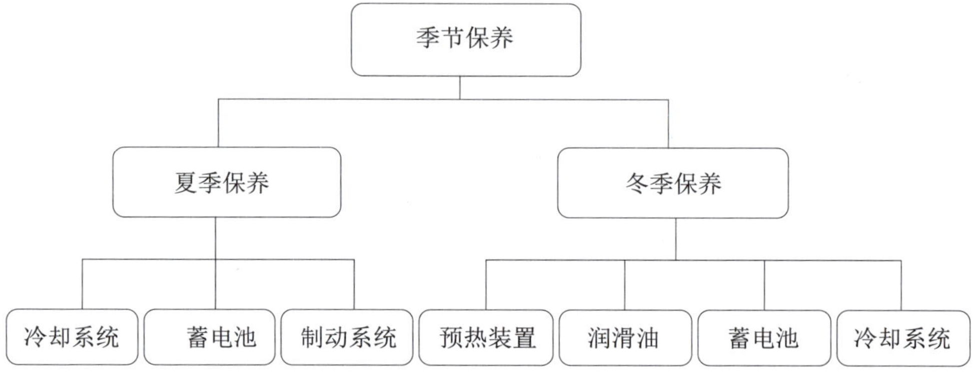

图 3-4 非定期保养的类型

二、估算时间和费用的流程

1. 与客户核对维修保养项目

在核对完客户信息后，应与客户核对此次保养的项目，以及在环车检查过程中增加的保养维修项目和精品等。

2. 说明维修项目并估价

向客户说明此次保养需要更换的配件价格、外加工费、工时费等，让客户明确自己所需支付的费用。如有明确的检查项目，必须等技师检查后才能确认，必须告知顾客可能会产生费用的变动。

3. 估时

根据维修保养项目以及是否洗车等，估算所需的时间。

4. 制作委托书

打印委托书，请顾客确认签字。

5. 安排客户休息

根据客户的意愿，安排客户到休息室休息或自行外出。

6. 派工

安排好客户后将车辆与车间交接。

三、维修保养的价格

车辆维修保养的费用一般由配件价格、工时费和其他费用三部分组成。

1. 配件价格

又称材料费，指在维修保养过程中因更换零配件及消耗材料所产生的费用。配件价格一般由生产厂家指导定价，经销商根据当地的物价水平等因素进行一定比例的浮动。另外，还需确认此配件是不是顾客的加急催货件，如果是，则客户还需承担加急费用。

2. 工时费

工时不是汽车维修的实际时间，因此工时不同于小时。工时包括企业修理工的生产作业时间，也包括企业其他管理人员为车辆维修所付出的社会必要劳动时间，是生产工时、管理工时、仓储工时的总和。

维修企业对工时费的定价有两种：一是定额制，即该车型维修需要几个工时，每个工时多少钱，共计多少钱；另一是合同制，即完成这项工作加上材料费一共需要多少钱，只需与客户沟通协商即可。保修项目配件及工时费如表3-7所示。

表3-7 某品牌汽车的保修项目配件及工时费

	商品名称	工时（个）	配件单价（元）
5000km保养	机油	5	160
	机油滤清器	5	23
10000km保养	机油	5	160
	机油滤清器	5	23
	空气滤清器	8	59
	汽油滤清器	8	110

（续表）

	商品名称	工时（个）	配件单价（元）
20000km保养	机油	5	160
	机油滤清器	5	23
	汽油滤清器	8	110
	空气滤清器	3	129
30000km保养	机油	5	160
	机油滤清器	5	23
	空气滤清器	8	59
	汽油滤清器	8	110
40000km保养	机油	5	160
	机油滤清器	5	23
	空气滤清器	8	59
	汽油滤清器	8	110
	刹车油	10	77
	助力油	6	69
	自动变速箱油	6	72
	火花塞	2	20
	高压线	1	133
45000km保养	机油	5	160
	机油滤清器	5	23
50000km保养	机油	5	160
	机油滤清器	5	23
	空气滤清器	8	59
	汽油滤清器	8	110
60000km保养	机油	5	160
	机油滤清器	5	23
	空气滤清器	8	59
	汽油滤清器	8	110
	正时皮带	1	195
	自动变速箱油	6	72

3. 其他费用

包括外加工费和可能产生的后续费用。所谓外加工费，是指经销商受相关技术条件的限制，将某一项工作委托给其他更有条件的企业所需的费用，如电镀、热处理、实施特殊加工工艺等，费用按外加工企业的发票为准。另外，还需告知顾客可能会产生费用变动的原因。

四、估时

服务顾问能否准确估计汽车维修保养所需要的时间，将直接影响客户的满意度。如果实际维修的时间超出了服务顾问的预计，会使顾客感到不满，因此在估算时间时，一定要告知顾客预计的时间并不是确定值，如有变动一定第一时间通知顾客。

1. 维修保养所需要的时间

在实际的维修保养过程中，所需要的时间和企业的接待能力、技师的水平、备件是否有库存等有关。如果是非预约客户，一定要查看备件是否有库存。

2. 维修保养排队所需要的时间

如果是预约客户，可以进入绿色通道，直接安排车辆维修；如果是非预约客户，则需要与车间主管协调，按照先后顺序排队等候维修保养。服务顾问应明确告知客户排队所需的时间，同时建议客户下次来店前一定记得预约。

3. 洗车的时间

洗车并不是维修保养中包括的工作，但提供免费的洗车服务可以使客户对维修企业产生好印象。但是洗车会导致维修保养时间的增加，因此，预计维修保养的时间时，必须告知顾客可以免费洗车及洗车所需的时间，再询问客户是否需要洗车。

友情小贴士

维修企业提供的免费洗车只是简单的外观清洗及内部除尘，不可能像专业洗车店一样进行精洗，这一点必须事先向顾客说明。

工作情景案例

张华推销精品的方法不正确，导致季先生拒绝购买倒车影像装置，但季先生要求给车子的后保险杠补漆。环车检查结束后，张华引导季先生来到了接洽台，核对信息后为季先生估算了保养所需的时间和费用。季先生此次保养需要多少时间和费用呢?

1. 流程

（1）复述客户的现场需求和此次维修保养的项目，并询问是否还有其他需求。

（2）向客户解释说明此次维修保养所需的费用。

（3）主动告知客户有免费洗车服务及洗车标准(室内吸尘),洗车所需时间。询问客户是否需要洗车，如需要，则在派工单上加盖洗车章。

（4）询问客户是否保留旧件，并将要求记录在派工单上。

（5）与客户确认派工单上的项目和交车时间，说明估价单上的费用构成。如果是会员客户，应主动告知客户此次可享受的折扣系数。

（6）询问客户付款方式，如客户的付款方式与公司要求不符，应提前告知。

（7）如客户无疑义，请客户在接车单上签名确认。将接车单客户联递交客户，向客户说明提车时需交回该单据。

（8）询问客户等待维修的方式,是在店还是离店。

2. 话术

（1）您此次过来做10000km的保养，需要更换机油一桶160元，机油滤清器一个23元，空气滤清器一个59元，汽油滤清器一个110元，所需材料费共352元。维修保养需要26个工时，每个工时10元，所以保养总共需要612元。另外您还需要对后保险杠进行补漆，需要工时费150元，材料费450元，小计600元。

（2）您反映的车辆发动机部位有异响的故障，还需技师进一步检查后才能告知您，所以您本次保养的费用暂定为1212元。

（3）我们还将为您做一个免费的车辆外观清洁和车内除尘，需要20分钟，您看需要吗?

（4）现在是上午9点10分，预计11点45分可以提车，保养的过程中可能会有不可预测项目的发生，如果发生，您的提车时间可能会有所变动，我会在第一时间与您联系的，您看可以吗?

（5）您的旧件是否需要带走?

（6）请您确认签字,这是您的客户联，请务必保管好。

（7）季先生，您现在是在店里休息还是外出办事呢?

3. 工作场景

环车检查结束后，张华带领季先生来到接洽台，同季先生确认此次维修保养的费用和时间等。张华记得师傅说过，估时估价环节是最容易出错的环节，也是影响顾客满意度的环节之一，因此，张华小心翼翼地与季先生核对费用。张华对季先生说：“季先生，您此次过来做10000km的保养，需要更换机油一桶160元，机油滤清器一个23元，空气滤清器一个59元，汽油滤清器一个110元，所需材料费共352元。”

季先生一听，心想怎么要换这么多东西，就问道：“怎么要换这么多配件，你们4S店太坑了，能少换点东西吗？”张华明白季先生是心疼钱了。实际上，客户讨价还价是正常现象，他们总是希望能便宜就便宜点。曾经有位客户，从淘宝上购买了机油，要求4S店使用自己带来的机油，服务顾问向他解释：“我们的发动机和机油是同期研发的，可以保证各项参数指标完全匹配，而非原厂件做不到这一点，如果使用的话可能会对您的爱车的发动机产生不良影响，这是非常不合算的。”可顾客还是坚持要用自己的，最后服务顾问只能告诉顾客如果使用自己带的机油将影响爱车的保修，顾客这才罢休。

张华明白如果向季先生解释原因，季先生未必会相信，于是她拿出了车辆使用说明书，让季先生对照看看厂家规定行驶10000km后应该更换的配件。季先生终于点了点头，对张华说：“好吧，那就换吧！但要换得快一点，我回家有事情。”

张华知道，每位顾客都希望能够快一点完成保养，于是告诉季先生：“季先生，您是我们的预约客户，我们已经为您安排好工位，所以您的爱车可以直接进车间进行维修保养，整个保养过程大概需要2个小时，因为您的爱车还有一个发动机异响的故障检修，所以如果有时间变化，我会第一时间通知您的。”

季先生一听可以直接进车间，就十分愉快地答应了。张华又问季先生：“季先生，我们还将为您的爱车做一个免费的车辆外观清洁和车内除尘，需要20分钟，您看需要吗？”季先生一听是免费的，就说要洗一下。张华打印出工单，请季先生签字确认后，根据季先生的意愿将他送到了休息室，张华向季先生解释：“这里就是我们的客户休息区，这边有最新的杂志报纸，那边有电脑，这边是小型影院，这里是透明车间，您可以通过透明车间看到您的爱车的维修情况，如果您有任何需要都可以叫我，我将随时关注您的爱车的维修进度，有任何情况我都会及时与您沟通。”季先生不由产生了一种宾至如归的感受，刚才环车检查时因精品推销而产生的坏心情也好了很多，就说道："小张，你去忙吧，辛苦你了。"

安排好季先生后，张华打算去安排派工，这是张华第一次单独接待客户，她深深地舒了一口气。

小知识

汽车修理的类型

4S店的汽车修理类型除了汽车保养外，还有汽车维修和钣金喷漆两种。汽车维修是通过修理或更换配件，对车辆的发动机、底盘、电器设备等进行修理，去除车辆在运行过程中发生或发现的故障，使车辆处于最佳的工作状态。钣金喷漆包括汽车钣金和汽车喷漆两类，汽车钣金用来矫正汽车碰撞后车身或车架发生的变形；汽车喷漆是指汽车表面漆膜存在瑕疵或在使用过程中造成漆膜破损时，对其进行修补，使汽车表面油漆达到最佳的状态。

第四章
维修协调

第一节 服务派工与质量控制

一、派工前的准备

服务顾问完成估时、估价，并得到客户认可，将确认内容形成纸质合同，即制作并打印维修委托书，向客户解释和再次确认维修保养项目，完成派工前的准备工作。

1. 维修委托书的制作

（1）维修委托书的作用

维修委托书即派工单，是维修企业对客户车辆维修保养项目的详细说明，是维护双方权益的最具法律效力的重要文件之一，也是维修技师对车辆进行作业的依据。通过维修委托书，可以对维修技师的工作进行考核计件，便于确定维修技师的薪资。

维修委托书一式三联，车主方一联（作为接车凭证），服务顾问一联，维修车间一联（此单据在维修时将跟车）。

（2）维修委托书的内容

维修委托书主要包括下列内容，如表4-1所示。

表 4-1 维修委托书信息

内容名称	具体内容
车辆基本信息	车牌号、车型、颜色、车辆识别代码、上牌日期、行驶里程
客户基本信息	姓名、详细地址、联系方式
维修企业信息	企业名称、联系方式、服务顾问姓名
维修/保养作业信息	车辆进入维修车间的时间、预计完工时间、车辆故障的处理方式、备件情况、维修方式（保养、维修、更换）、待定项目、预计工时单价与定额

（3）维修委托书的制作

在现代维修企业，维修委托书一般以打印的形式呈现，需要服务顾问运用DMS汽车经销商管理系统软件，将相关信息录入电脑，如图4-1所示。

维修委托书

维修委托书号	购车日期	服务顾问	车牌号	车型	行驶里程	颜色	进厂时间

送修人	联系电话	VIN	发动机号/备件组织号	预计完成时间/变更
车主		报修原因		
联系地址： 邮政编码：		客户描述：		

换机油机滤□ 换汽滤□ 换空滤□ 换防冻液□ 定期保养□

维修项目	维修接工	备件名称	数量	价格/担保	批准
增项： 服务顾问签字： 客户签字：					

第一联 服务顾问联

车辆外观	公费估算 510+360=870
	材料估算 564+2939=3503
	维修费用总计约：107+3299=4373 声明：维修费用以实际发生费用为准。
	对本次维修的旧件您希望 带走 放弃 声明：兑现质量担保承诺所更换的备件所有权归东风标致所有
	您的车辆外观是否需清洗 清洗 不清洗
	您对本次维修是否满意 非常满意□ 基本满意□ 不满意□ 其他意见

轮盖		随车工具	其他	感谢您提出的宝贵意见，它对我们改进服务非常重要。
备胎		前标		
燃油	E F	后标		您希望我们对您进行电话回访吗？ 回访 不回访
请您确认车内文件及物品、现金已取出。				您希望的回访电话： （单位电话）

服务顾问签字： **客户签字：**

图 4-1 维修委托书

2. 解释、确认维修保养项目信息

维修委托书打印完成后，服务顾问要向客户逐项解释维修项目，并告知客户预计费用和维修时间。

（1）如果客户对维修项目及费用提出异议，服务顾问要向客户解释维修的必要性，但是否维修的决定权掌握在客户手中，如果客户不予维修，服务顾问应在维修委托书上注明不予维修字样。

（2）如果备件不能及时供应，服务顾问要向客户进行解释，告知所需的供货周期，并将客户转为预约作业客户；如果备件价值较贵，服务顾问应向客户收取押金，再将客户转为预约客户；如果客户急需备件，则可以考虑从关系较好的周边企业临时调货或加急派送。

（3）服务顾问应告知客户预计维修时间，包括排队等待时间、维修作业时间和洗车时间。在进行维修时间解释时，应逐一说明。

（4）服务顾问应强调费用和时间均为预计，在维修过程中若有变化，将再次与客户进行协商。

（5）服务顾问要询问客户付款方式，可选择现金、刷卡等支付形式。

3. 安排客户休息或送别客户

维修委托书签字生效后，服务顾问应询问客户等待方式，并做好离店客户或在店等待客户的安排工作。

（1）客户要求离店

如果客户要求离店，服务顾问要为客户离店提供便利，并与客户约定维修作业完成后的联系方式。

客户离店时，服务顾问可以为客户提供便利的方式有以下几种：

①如果客户活动区域在市区内，则征求客户意见后为其联系出租车。

②如果客户远道而来，要询问客户是否需要代为预定旅店。

③如果客户提出离店后不方便再次来店，可建议客户接受取送车业务，并填写取送车业务登记表。

④如果客户表示不需要其他帮助，则应恭送客户离店，并目送客户离去。

（2）客户在店等候

如果客户提出在店等候，服务顾问要根据客户需要等待的时间安排如下：

①将客户引导至休息室，向客户介绍休息室的功能布置，并请休息室服务生提供便利。

②若恰逢午餐时间，应根据企业的实际情况，征求客户意见后代为安排午餐。

③若客户等待时间过长，当日不能完成，应建议客户离店，并为客户提供离店的便利。

二、服务派工

在实际工作中，服务派工不是服务顾问的主要工作，而通常由车间主管或车间调度来完成。但由于服务顾问需要在车辆进行维修作业时跟进维修进度，必要时需根据维修变化重新调整进度，从而控制维修质量，因此服务顾问必须对派工的全过程十分熟悉。

1. 派工作业的内容

服务顾问完成派工前的准备工作，并根据客户的需要安排其休息或离店后，把维修委托书（维修车间联）和车辆钥匙转交车间主管或车间调度，由车间统筹安排。

（1）根据维修委托书中的服务内容及每项工作所需的作业时间，确定维修类别，初步判定工作的难易度。

（2）判断是否属于优先作业，如预约车辆将进行优先作业。非优先作业的，则按照与客户商定的时间安排工作。

（3）根据客户对时间的要求，把工作安排给有能力承接的维修班组，并将安排的维修班组记录在维修委托书上，交给承担车辆维修作业的班组。

（4）车间主管或维修班组长根据作业项目，填写领料单，由该维修班组负责领料。

（5）完成派工后，将维修车辆分配状况显示在“维修车辆进度看板”中。

2. 派工作业的流程

派工作业流程如图4-2所示。

三、派工后的质量控制

在车辆维修作业过程中，有效地进行维修作业监控，及时与维修小组沟通，传递维修技师或客户的意图，是服务顾问的主要职责之一。派工后进行质量控制也是确保维修质量、提高顾客满意度的重要环节。

1. 与服务顾问有关的控制指标

服务顾问是客户与企业沟通的重要桥梁，是最重要的岗位之一，因此有许多关键的指标与服务顾问密切相关。

（1）平均日维修台次

指企业平均每个工作日到达车间维修的所有车辆数，计算公式为：

日平均维修台次=月维修台次总数÷每月天数

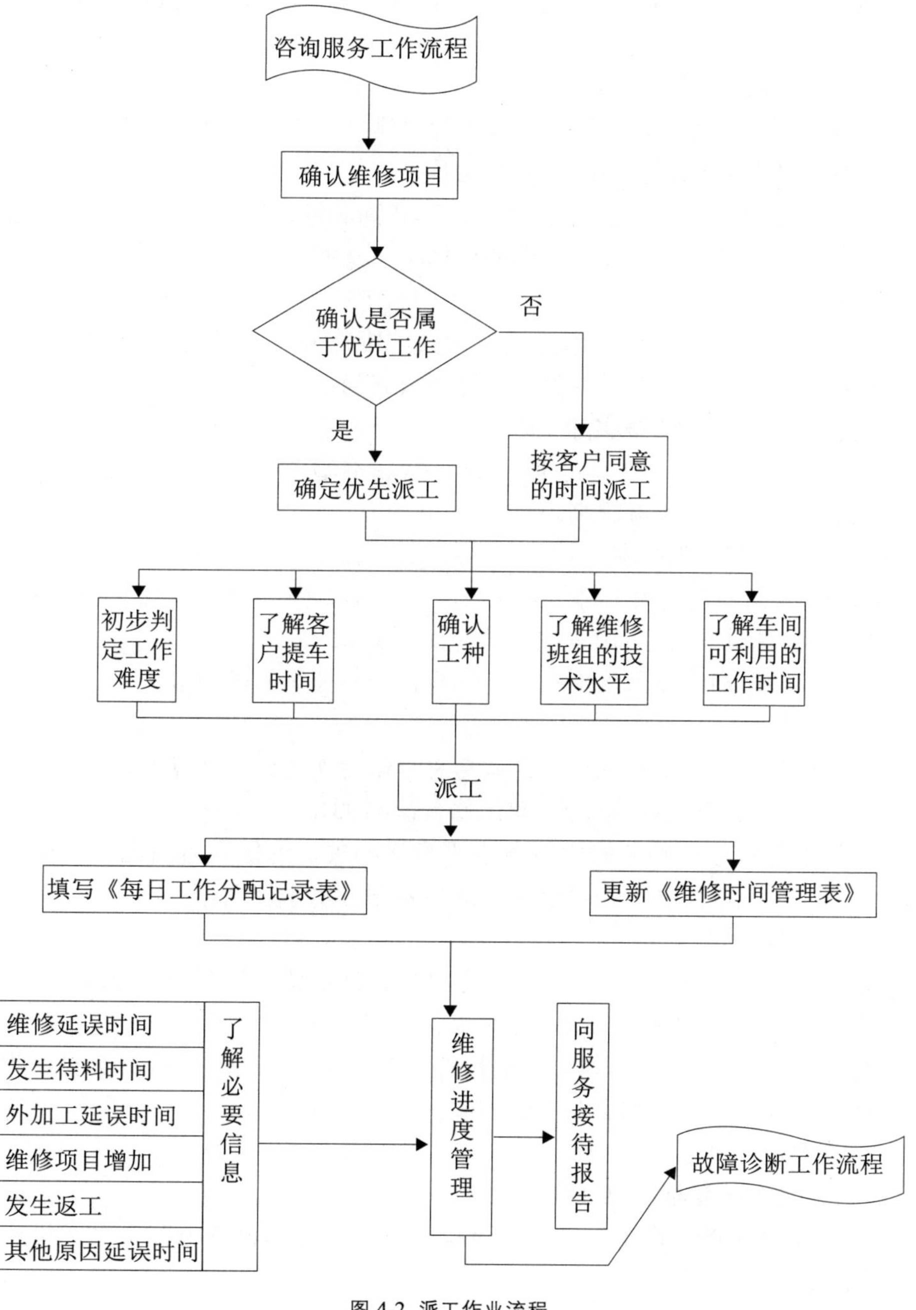

图 4-2 派工作业流程

平均维修台次与时间安排、设备生产率、技师维修技术水平有关，如台次太少，说明维修能力不能充分应用；台次太多，则可能导致维修质量得不到保证。

（2）平均发票金额

指在任何一个时间段内销售毛收入除以维修台次的结果，计算公式为：

平均发票金额=销售毛收入÷维修台次

平均发票金额高，则意味着高生产率和高利润，通常对车辆的检修也较全面；低发票金额则可能存在较高的返修率，从而影响生产率。

（3）技师效率

指已经销售或分配给技师完成一项具体维修服务的时间，与技师完成该项工作的实际使用时间之间的关系，计算公式为：

技师效率=销售工时÷实际工时

完善的管理水平和工作态度与技师效率有着密切的关系，技师效率越高，企业的利润水平也就越高。

（4）维修车间生产率

指计价工时与可销售工时（技师在现场并可以工作的时间）之间的比例。

生产率=计价工时÷可用于工作的时间×100%

生产率和技师的能力水平有关，将直接影响公司的盈利水平。

（5）返修率

指单位时间内竣工车辆返修台次与总维修台次之比，计算公式为：

返修率=竣工车辆返修台次÷总维修台次×100%

返修率与维修技师的技术服务水平直接相关，返修率越高说明企业的技术服务水平越低，反之，则说明企业的技术服务水平越高。

（6）客户满意度

是指单位时间内客户投诉次数与总维修台次之比。计算公式为：

客户满意度=客户投诉次数÷总维修台次×100%

客户满意度与企业的总体服务水平有关，客户满意度越高，说明企业的服务能力越强，反之，则说明企业的服务能力较弱。

2. 工作进度监控

（1）工作进度监控的目的

①通过对维修保养作业进度的监控，可以保证车辆规范、有序、可控地完成维修作业；

②服务顾问对作业情况的掌控可以帮助他与客户进行有效沟通，充分体现服务顾问对客户需求的关注，提升客户满意度；

③提高一次性修复率，尽量避免返修，并在承诺的时间内交付车辆。

（2）维修作业进度监控的考虑要素

①掌控车辆维修的进度；

②掌控维修作业中增加的项目；

③对于等待过程中的客户，应适时进行情感营销与关怀。

（3）维修进度监控主要工作内容

①熟悉维修/保养作业的流程，如图4-3所示。

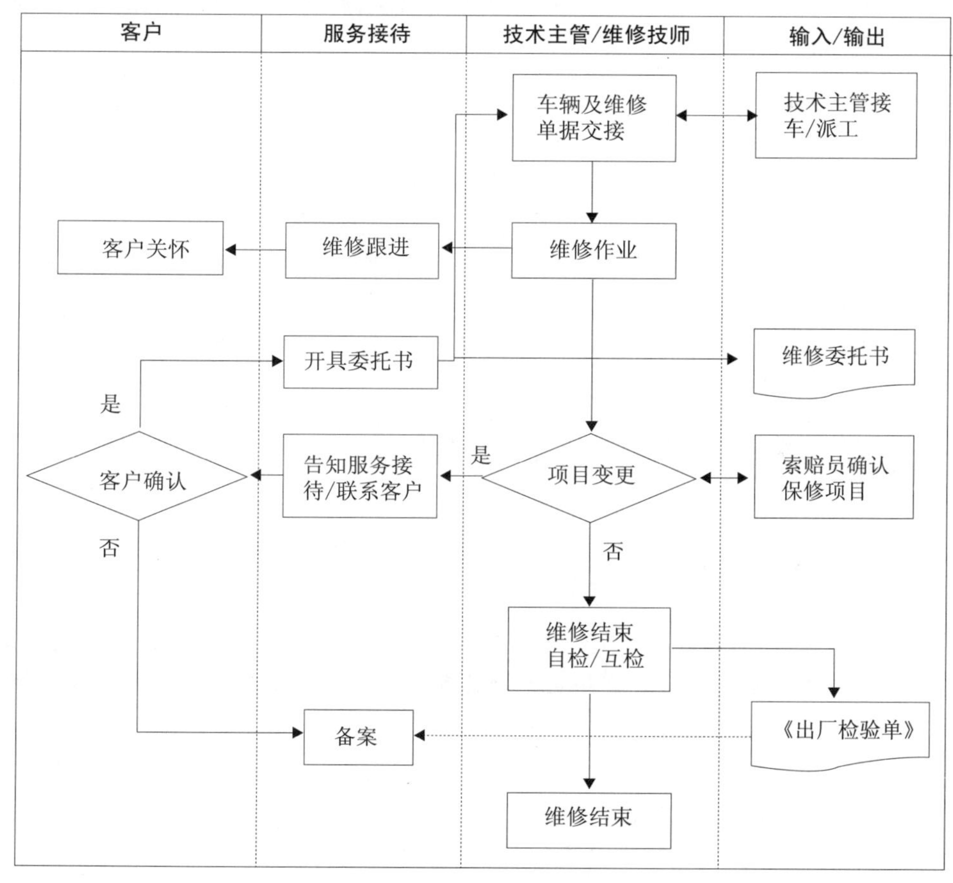

图 4-3 维修/保养作业流程

②有效利用维修进度管理看板进行管理监控。

维修进度管理看板是企业现场管理的重要手段之一。目前，多数采用现代管理方式的维修服务企业均设有维修进度管理看板，如表4-2所示。车间主管、维修技师、服务顾问通过看板实现了可视化沟通，为减少可能出现的生产组织混乱提供了有效的解决方式。

表 4-2 维修作业管理看板

序号	车牌号	维修班组	委托书编号	进厂时间	预计交车时间	维修状态	服务顾问	备注

维修作业管理看板由服务顾问或维修车间指定人员负责填写。服务顾问将车间派工单交给车间主管指定的维修班组后，应及时将相关信息登记到维修进度管理看板上。维修进度管理看板的作用在于实时管理，因此如果作业有变化，一定要及时更新。

③定时巡查，及时与车间、车主沟通。

服务顾问通过巡查的形式了解作业进度，并主动与车间工作人员沟通，将作业进度信息告知客户。通常服务顾问每30分钟到车间巡查一次，获取作业进度信息，获取的信息包括：

a. 如车辆仍在排队等待维修，需与车间主管或车间调度沟通，了解排队客户的派工情况。

b. 如车辆已经开始作业，需了解作业进度，并与维修技师沟通，了解是否有增加的服务项目。

c. 如客户需要增加服务项目，需及时告知车间主管和维修技师，以免发生服务漏项。

工作场景案例

服务顾问张华完成了环车检查等工作后，引导季先生来到了客户洽谈区。接下来，张华就要进行维修委托书的制作和派工了，根据季先生爱车的实际情况，张华该怎么操作呢?

1. 流程

张华根据标准工作流程，应该完成下列工作：

（1）制作并打印维修委托书

（2）根据委托书内容进行维修保养项目的解释说明和确认

①再次确认客户信息、车辆基本信息；

②再次确认此次车辆服务的具体项目；

③请客户查看维修委托书；

④解释维修委托书中的内容；

⑤确认客户的支付方式；

⑥询问客户是否需要洗车服务；

⑦确认客户的等待方式；

⑧在委托书上确认签字；

⑨给予取车凭证。

（3）安排客户休息或送别客户

（4）服务派工

（5）质量监控及进度跟踪，及时查看维修管理看板

表 4-3 维修管理看板

序号	车牌号	维修班组	委托书编号	进厂时间	预计交车时间	维修状态	服务顾问	备注
1	浙A·5CZ55	A组	××××××	PM2:20	PM3:55	优先	张华	

2. 话术

“季先生，为了信息的准确性，我需要再次核对您的信息资料，您的全名是季××，联系方式是×××××××，对吗？您的爱车已经行驶了9800km，存油还有1/2。接下来我将再次与您确认此次保养的项目及费用。季先生，此次您要做10000km保养，需要更换机油、机油滤清器、空气滤清器、汽油滤清器，清洗节气门和进气道，需要×个工时，每工时×元，材料费×元。目前的保养费用预计为×元；同时您说发动机有异响，我们的技师会做进一步的检查，您看还有什么问题吗？”

“季先生，您的旧件是否需要带走？请问您的支付方式是刷卡还是付现金？”

“季先生，您现在是在店内等候还是外出办事呢？”

“季先生，我将随时关注您的爱车的维修进度，有任何情况我将第一时间与您沟通。”

3. 工作场景

服务顾问张华在完成环车检查，并向客户确认环车检查单中的内容后，将客户引导至休息室，接下来将进入维修委托书和服务信息的解释和再确认环节。

张华打开了经销商管理系统，说道：“季先生，为了信息的准确性，我需要再次与您核对您的信息，您的全名是季××，联系方式是×××××××，对吗？”

季先生：“嗯，是的。”

张华：“您的爱车已经行驶了9800km，存油还有1/2。”

张华：“接下来我将再次与您确认此次保养的项目及费用。季先生，此次您要做10000km保养，需要更换机油、机油滤清器、空气滤清器、汽油滤清

器，清洗节气门和进气道，需要×个工时，每工时×元，材料费×元。目前的保养费用为预计为×元；同时您说发动机有异响，我们的技师会做进一步的检查，您看还有什么问题吗？”

季先生：“没问题。”

张华：“我们还将为您的爱车做免费车辆外观清洁，现在是上午×点×分，因为您反映发动机有异响，我们的技师需要做检查，所以提车时间无法预知，我将及时与您联系，您看还有什么问题吗？”

季先生：“没有了。”

张华：“季先生，您的旧件是否需要带走。”

季先生：“不需要，你们处理好了/带走吧。”

张华：“好的。（若配件带走）我将把换下的旧件放在您爱车的后备箱内，您看可以吗？”

季先生：“可以。”

张华：“季先生，您的支付方式是刷卡还是付现金？”

季先生：“现金。”

张华打印完维修委托书后，将其交给客户季先生：“季先生，如果没有其他问题，请您在这边签名。”

季先生：“好的，谢谢你。”（接过委托书查看后，确认无误并签字）

张华：“这是您的提车单，请务必妥善保管，到时凭单提车，您还有其他需要吗？”

季先生：“没有了。”

张华：“季先生您现在是在店里等候还是外出办事呢。”

季先生：“我在店里等好了。”

张华：“那我带您到客户休息区，这边请。”

张华引导客户季先生进入休息区，并开始介绍休息区情况：“季先生，这里就是我们的客户休息区，那边有最新的杂志报纸，那边有电脑，这边是小型影院，还有那里是透明车间，您可以通过透明车间看到您的爱车的维修情况。季先生，刚刚给您的名片还在吗？如果有任何需要，您都可以打电话给我，我将竭诚为您服务。”

季先生：“嗯，好的。”

张华：“我将随时关注您的爱车的维修进度，有任何情况我都会及时与您沟通。”

季先生：“好的。”

张华离开客户休息室，将维修委托书（车间联）交予车间，并在维修管理看板中填上相关信息。

小知识

营销沟通技巧——富兰克林成交法

富兰克林成交法是美国著名政治家富兰克林发明的，他说服别人的方法被人们称为“富兰克林成交法”，后来被推销人员广泛地运用到工作中去。该方法的核心内容是，推销员把顾客购买产品所能得到的好处和购买产品的不利之处一一列出，用列举事实的方法增强说服力。富兰克林成交法是从理智上打动顾客的好方法。

1. 富兰克林成交法

据说富兰克林做事的时候有一种习惯，即取出一张纸，拿笔在上面画一条线，将纸分为两部分，左边写上做这个决定的好处，右边写上做这个决定的坏处。运用这种方法，可以在销售上达到很好的效果。

富兰克林成交法又称理性分析成交法，是一种鼓励潜在客户去考虑事情的正、反面，突出购买是正确选择的方法。顾客在面临作决定的关键时刻，总是犹豫不决，销售人员拿出一张纸，将购买产品的好处写在左边，购买这种产品的不利之处写在右边，让顾客一一分析。销售人员在一旁帮助顾客记忆好处，当顾客发现购买产品能为他带来实际的利益时，就会购买。

2. 富兰克林成交法操作

富兰克林成交法的基本做法是：在一张纸上画出两栏，呈“T”字形，左边表示肯定，右边表示否定，即把购买某产品的一切好处按照轻重缓急进行排序写在左栏，将客户感知到和可能感知到的不利点写在右栏，让客户看哪边理由更充分而做最终决定。这份利弊卡有两种写法；一是买卖双方各写一份；二是销售人员写肯定，客户写否定。这种做法便于客户进行利弊比较，说服力强，特别是以书面形式写下这些信息时，能让客户感觉到客观和公正；同时，在时间和信息有限的情况下，客户不可能突然想出太多的否定因素，从而有利于卖方。

这种理性分析交易看似繁杂，其实却是有效打动顾客的好方法，尤其是对那些犹豫、尚不知如何是好的顾客，更需要用这种方法帮他做决定。这种方法适合于分析型的客户，因为这符合他们强调理性的特点；也适合于已有多次接触，彼此间建立了一定人际关系的客户，因为这能让客户坚定购买的决心。

3. 富兰克林成交法案例

奥诚良治是日本著名的推销员，他曾连续16年成为日产汽车公司的推销冠军。为了能卖出一辆汽车，他会详细准备一份资料，这份资料共记有顾客购买此种汽车后的优点及好处整整100条。这样，奥诚良治在与顾客打交道时就显得胸有成竹、应付自如了。

第二节 增项处理

增项服务作业是服务顾问问诊过程中以及完成制单后，针对客户的需求追加的服务作业，或是在车辆维修保养过程中发现新故障，需要增加的维修项目。增项服务是服务顾问进行服务产品销售的重要环节，处理好增项既有助于满足客户需求，又有利于企业提高运营效率。

一、增项处理的技巧

1. 增项沟通前的准备

服务顾问在与客户联系之前，需要从车间了解以下信息：

（1）了解增加项目的名称以及产生的原因。

（2）了解增项未处理将产生的不良后果和处理建议。

（3）增加项目所涉及的零件名称，备件的库存情况，材料费用。

（4）增加项目所涉及的工时总数和工时费，以及根据现有的车间产能，了解新的交车时间。

如果以上信息了解得不全面，就可能在与客户沟通的过程中遇到问题，导致延误。

2. 取得客户授权

在维修技师开始增加项目作业前，服务顾问必须取得客户的同意或授权，具体操作方法如下：

（1）信息收集齐全后，服务顾问需要联系客户，取得客户授权。

（2）书面确认是比较正式的授权方式，通常会要求客户在增加项目的报价单上签字，表明同意进行维修。

（3）客户无法当面授权的，可以通过电话确认来获得授权，采用此形式时务必要使用录音电话，并在通话开始时告知客户本次通话有录音记录。

（4）在某些情况下，具有客户签字的报价单的传真件也是被认可的。

友情小贴士

进行车旁接车时，在接车单上填写相应的项目，就可以使服务顾问获得一定额度的客户预授权，使这一工作得到简化。

3. 客户拒绝增加项目的处理

如果客户拒绝维修增加项目，服务顾问需进行如下操作：

（1）将客户决定通知车间，告知维修技师无需添加增项工作，继续按原委托书要求作业。

（2）对涉及安全问题的项目不予维修的，必须让客户签署免责协议，并输入工单。

二、增项处理的流程

增项处理的作业流程如图 4-4 所示。

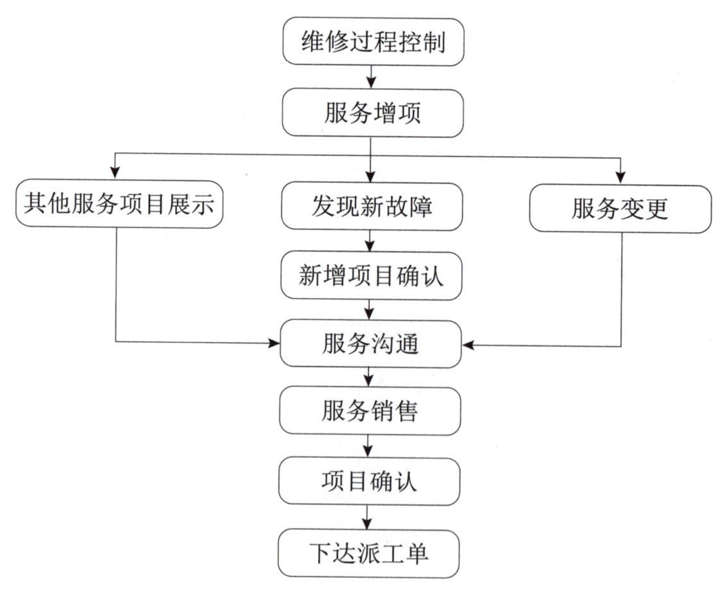

图 4-4 增项处理作业流程图

1. 维修过程控制

在维修作业中，服务顾问要随时查看维修进度，并及时了解客户的需求，以便为客户提供相应的服务。

2. 服务增项

在客户等待期间，如果维修技师发现需新增维修项目，或者客户在等待过程中有了新的需求或变化，服务顾问需要在第一时间了解增项信息。

3. 新增项目确认

服务顾问在增项处理前，需将信息告知客户，并说明增项产生的原因、未处理的不良后果、处理意见、增项所涉及的费用和时间。

4. 服务沟通

服务顾问要通过恰当的沟通技巧，将需要与客户沟通的信息传递给客户。

5. 服务销售

服务顾问在服务沟通的过程中，要准确把握客户的心理，告之推荐服务的必要性，以及将要增加的项目维修费用，为实现销售奠定基础。

6. 项目确认

无论是哪一类维修项目，服务接待只能向客户推荐，决定权在客户，服务项目只有通过客户的确认并签字后方可进行。

7. 下达维修委托书

在客户进行增项服务确认后，服务顾问方可向车间下达增项后的维修委托书。

工作情景案例

服务顾问张华忙完了手头的工作后，再次进入了维修车间，查看季先生的爱车的保养进度。这时维修技师老王告诉张华："小张，刚才我在检查前大灯的时候，发现左前雾灯不亮，需要更换左前雾灯，你去与车主确认一下，看看是否要做更换。"张华连忙点头，快步向客户休息室走去。接下来的增项处理，张华又该如何完成呢?

1. 增项处理实施流程见表4–4。

表 4–4 工作流程表

操作步骤	服务内容	责任人
维修过程控制	在维修作业过程中，服务顾问要随时查看维修进度，并及时了解客户的需求，以便为客户提供相应的服务。	服务顾问 维修技师
服务增项	维修技师发现需新增维修项目后（左前雾灯不亮），告知服务顾问，服务顾问需要在第一时间了解增项信息	服务顾问 维修技师
新增项目确认	服务顾问在增项处理前，需将信息告知客户，并说明增项产生的原因、未处理的不良后果、处理意见、增项所涉及的费用和时间	服务顾问
服务沟通	服务顾问要通过恰当的沟通技巧，将需要与客户沟通的信息传递给客户	服务顾问
服务销售	服务顾问在服务沟通的过程中，要准确把握客户的心理，告之推荐服务的必要性，以及将要增加的项目维修费用和时长，为实现销售奠定基础	服务顾问
项目确认	客户认可增加项目的作业后，即服务顾问得到客户授权后，方可进行增项处理	服务顾问
重新下达维修委托书	重新制作维修委托书，并再次请客户确认签字，将新的维修委托书（车间联）交予维修技师，开始进行增项维修	服务顾问 维修技师

2. 话术

“季先生，刚才我们的维修技师在给您的爱车进行检查时,发现您的爱车的左前雾灯不亮了，经过详细检查后，确定是左前雾灯的灯泡坏了，需要更换灯泡才能修复。”

“为了您的安全考虑，我建议您在本店进行更换，费用需要增加××元，提车时间大概需要延迟15分钟，您看可以吗?”

3. 工作场景

张华看了看表，再次走进车间，看到客户季先生的爱车仍在工位上。这时，维修技师老李叫住了他。

老李：“小张，刚才你送来的这辆车，保养项目基本做完了，我也根据委托书上的项目做了仔细的检测，没什么大问题。不过，我发现车子的左前雾灯不亮了，确定是灯泡坏了，需要更换灯泡，我也问了仓库，他们有备件，你去问问客户，看看要不要换，我等你回应。”

张华：“好的，客户在休息室呢，我马上过去确认，辛苦了。”

张华来到客户休息室，季先生正在看报纸，看到张华来后，便问：“小张，我的车修得怎么样了，我看维修技师把车都降下来了，应该差不多了吧？”

张华：“季先生，我正要和您说这件事呢，刚才我们的维修技师在给您的爱车进行检查时,发现您的爱车的左前雾灯不亮了，经过详细检查后，确定是左前雾灯的灯泡坏了，需要更换灯泡才能修复，您看这次要不要一起解决了？”

季先生：“换个灯泡需要加多少钱花多长时间呢？我开着也没感觉到哪里不好啊，关系不大吧？”

张华：“季先生，从安全的角度考虑，我还是建议您进行更换。雾灯在雨雾天气的照明效果要好于大灯，因此雨雾时，开启雾灯可以提高行车安全。更换的费用需要在原费用上增加××元，提车时间大概需要延迟15分钟，您看可以吗？”

季先生：“那行吧，帮我做仔细点哦！”

张华：“一定一定，季先生您在这里稍等，我去重新制作一份委托书，等会儿麻烦您再签个字确认下。”

季先生：“好的。”

张华马上回到电脑前，将增加的项目填入维修委托书中，重新打印了一份，并拿着新制作的委托书回到了季先生处。

张华：“让您久等了，这是新的维修委托书，在原来的基础上增加了更换左前雾灯灯泡一项，材料费××元，工时费××元，在原来费用的基础上增加了××元，提车时间大概需要延迟15分钟，您看还有什么问题吗？”

季先生：“没有了。”

张华：“那好，请您在这里签字。”

季先生签完字后，张华将维修委托书（客户联）交给他，将新的维修委托书（车间联）交给了维修技师老李，老李开始进行增项维修。

4. 增项服务中的关联销售

售后服务是汽车后市场的主要组成部分。接车只是服务的开始，相关服务的销售才是服务顾问的主要任务。

（1）可销售的相关服务产品

①汽车用品系列

在客户等待期间，服务接待可以向客户推荐的汽车用品如下表所示。

表 4–5 汽车用品一览表

用品类别	具体名称
车载电器	音响、汽车电视、车载冰箱、吸尘器、倒车影像、行车记录仪、导航、车载电话等
车厢内舒适用品	座椅套、脚垫、方向盘套、头枕、靠枕、按摩器、专业偏光镜等
安全设备	安全座椅、安全锤、灭火器、防盗设备等
装饰用品	汽车贴纸、钥匙扣、挂件、香水座、纸巾盒等
养护用品	燃油添加剂、雨刮液、车蜡、内饰养护产品、车身清洁剂等
汽保设备	随车工具、打气泵、工具箱等

②取送车服务

取送车服务包括为不方便来店修车的客户提供取车服务，为不能在店内等候车辆修复或不便来店取车的客户提供送车服务。

③代用车服务

代用车服务指为需要用车的客户提供可租用的代用车。

④车辆保险服务

车辆保险服务包括保险咨询、保险理赔、保险代购、事故车辆处理等。

⑤汽车俱乐部会员卡推荐

推荐客户成为汽车俱乐部的成员。汽车俱乐部的服务项目包括了对会员的汽车全过程、全方位的服务，如会员车辆的更新手续、年检、保养、装潢、维修、救援、理赔，以及为会员提供应急车辆等。

⑥服务变更

服务变更是指服务接待针对维修过程中可能出现的特殊状况，与客户进行沟通，如维修时间延长、备件缺货、设备故障等。服务接待通过与客户沟通，达到减少客户抱怨、提高客户满意度的销售目的。

⑦维修项目增加

维修项目增加包括全部前期预检没有发现或确认，但在维修过程中被发现或得到确认的所有车辆故障。

（2）关联服务的销售技巧

服务顾问需要遵循一定的方法和技巧，刺激客户的消费欲望，使客户能够接受服务建议，从而实现服务产品的销售。

服务是否到位的关键在于客户对服务的渴求程度。要使客户选择企业的服务，首先要清楚客户需要什么样的服务。每种不同类型的服务都有其陈述要点，当服务顾问向客户推荐相关的服务项目时，要有针对性地突出服务所能带来的利益，才能有效地进行服务提供。

①有形物品的销售技巧

客户在使用车辆的同时，也会消费很多类型的汽车用品。服务顾问在向客户推荐汽车用品时，如果只是简单地罗列各种汽车用品，将很难引起客户的兴趣，即便是详细介绍也不会激起客户的购买意愿。服务顾问要善于发现客户的内在需求，通过引导客户正确地认识汽车用品给客户带来的便利之处，才能最终使客户实现消费。

有形物品的销售可以采取寓教于售的销售原则，也就是按照F（特征）—F（功能）—B（益处）—S（建议）的陈述顺序，通过在销售过程中有意识地与客户沟通用车、养车、爱车的理念，开发客户的潜在购买能力，实现双方的共赢。

②增值服务销售技巧

客户为了更方便有效地等候修车，会对企业的服务产生希望得到更多便利的想法，这类需求同样需要服务接待通过一定的技巧来满足。此类服务适用于便利消费的原则，服务接待通过P（复述）—R（解决）—S（建议）的陈述顺序，通过设身处地地为客户着想，以实现服务增值。PRS的关键在于对顾客的顾虑做出回应之前，先认真倾听顾客的心声。

第五章

完工质检

第一节 完工质检

一、完工质检流程

车辆故障原因有没有被检测出来，车辆问题有没有得到解决，维修的质量好不好，都是客户在汽车维修中最关心的问题，可以说，车辆维修质量的好坏将直接影响客户的满意度。客户如果认可了4S店的维修质量，那么下次保养或者维修将会继续选择这家4S店；而客户的再次进店将直接影响进厂台次及进厂频次，从而最终影响4S店的维修产值和利润。因此，完工质检这一环节在整个汽车售后服务中非常重要。

那么，完工质检在整个汽车售后服务过程中的哪一阶段展开呢？维修质量检验具体由谁负责？汽车维修完毕后需要经过几道检验工序？我们可以通过维修质检流程图（如图5-1所示）来一探究竟。

从质检流程图中可以看出，车辆的质检主要在两个阶段进行：车辆维修完毕移至质检区后，洗车后。

车间的质检分为：一级质检、二级质检和三级质检。

一级质检：维修技师自检。维修技师在完成维修及后续工作后，展开自检。自检内容包括根据维修工单的作业内容，逐项检查是否达到技术标准。检查结束后，维修技师要在维修工单的相应位置签字确认。

二级质检：维修班组互检。维修班组组长对本班组的维修质量负责，在本班组成员完成自检后，组长应按规定对所完成的维修项目进行质检，并核对是否所有维修项目和操作内容均已完成。一旦发现问题，必须及时采取相应措施进行纠正，检验的结果应反馈给维修技师，以提高维修技师的技术水平，避免同一问题重复发生。完成质检后，组长应当在维修工单上签字确认，如有增加项目，则应在增项维修工单上签字确认，然后将工单、客户自费更换的配件、钥匙交接给质检人员，申请质检员终检。

三级质检：车间质检人员终检。质检员在班组二级检验合格后，对车辆的维修质量进行终检，必要时可以采用路试，同时对完工车辆的清洁状况进行检查，做好最终检验记录，并确认签字。对于二级维护、总成大修和整车修理的，应按照《机动车维修合格证管理制度》规定，开具汽车修竣出厂合格证，并向客户解释合格证保修条例。对于重要、安全性能的修理、返修等，应优先进行检验。

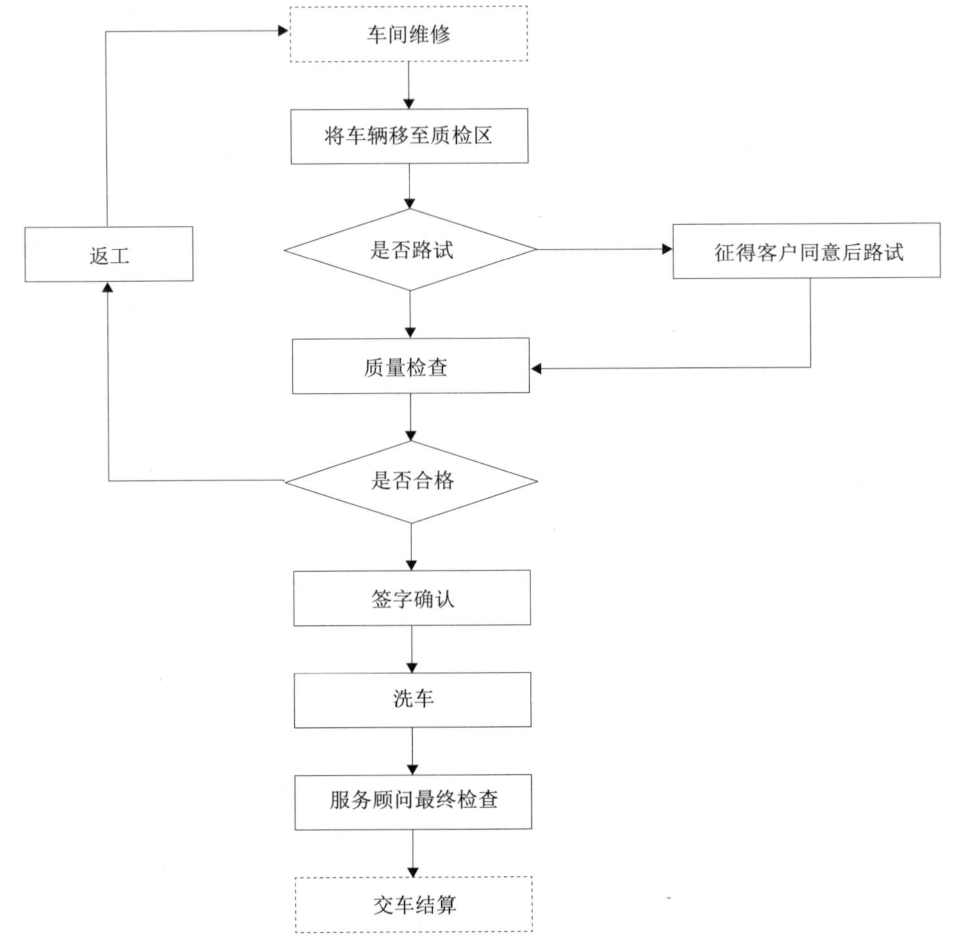

图 5-1 车辆维修质检流程

以上三级质检除路试外均在车间维修工位或质检工位进行。质检过程中如发现不合格项，各级质检负责人会把工单返还给上一级负责质检的人员，责任人必须第一时间处理该车的问题项目。质检合格的车辆由维修技师将维修工单交接给服务顾问，并向服务顾问做详细说明。

洗车后的质检则由服务顾问来完成。服务顾问拿到车辆的钥匙及相应材料、物品后，将车辆从维修工位或质检工位开到交车区，根据维修工单进行维修成果的检查，或根据各品牌规定的维修后检查项目进行检查，确认无误后，在质检单上的相应位置签字。

二、完工质检项目

车间的三级质检和服务顾问最终检查的项目是不同的，这是因为车间检查更多的是站在技术的角度查看维修工单中的所有故障是否都进行了修复，以及修复的质量是否达到技术标准；而服务顾问则是站在顾客的角度查看车辆的故障是否都已排除，是否已达到可以交付给客户的状态。

三级质检项目：所有维修项目和操作内容是否均已完成；逐项检查维修工单的作业内容是否达到技术标准。

服务顾问终检项目：

1. 车辆停放在正确位置。

2. 车辆清洁状况：包括车辆内外、前后排的清洁（交车前需洗车）。

3. 检查维修项目：通过眼观、耳听、手试来直观检查仪表板报警灯是否已消除；维修项目是否完成（除需要路试的项目）；发动机舱所有油液液位是否处于正常位置及油液盖是否拧紧。

4. 车内工具杂物遗留：在维修过程中，发动机舱、行李箱及车内一些储物空间、凹槽等可能有工具、杂物的遗留，此外，车上的烟灰缸、垃圾箱等处也可能留有垃圾，服务顾问应进行及时清理。

5. 贵重物品复位。

6. 座椅位置、收音机、CD等设置调整到进厂前的状态。

7. 轮胎胎压调整到正常值范围内。

8. 准备好旧件并放置在相应位置。

服务顾问的终检时间一般不会超过10分钟，可以从主驾位置开始按照顺时针绕车的顺序逐个方位进行检查。终检时需要服务顾问携带接车检查表和维修工单，以便检查维修项目和恢复车辆设置时使用。

工作情景案例

客户季先生的车需要做机油保养及更换右后车窗玻璃升降器，车间已经完成了维修工作，服务顾问张华该如何对车辆进行完工后的质量检查？

1. 流程

（1）与维修技师交接车辆、维修旧件；

（2）将车辆停放在交车工位；

（3）下车前查看车辆仪表盘的报警灯是否已消除，对照接车检查单和维修工单检查维修项目是否完成，故障是否排除；

（4）对照接车检查单恢复车辆的个性化设置，如CD、收音机等；

（5）将车辆熄火，打开发动机舱盖锁，下车后恢复座椅位置；

（6）查看车辆外观有无出现新的破损，四个轮胎的气压是否处于正常值（外观及胎压检查不额外进行，而是在服务顾问检查到车辆相应位置的时候一并进行）；

（7）打开发动机舱盖，检查发动机舱是否干净整洁，有无维修杂物遗留；

（8）拔出机油标尺，用机油擦拭布查看机油的液位和品质，检查完毕后复位机油标尺；

（9）查看发动机舱内所有油液位置是否符合要求，确保油液盖全部拧紧，关闭发动机舱盖；

（10）打开副驾驶门，检查车内有无维修杂物遗留，打开手套箱查看顾客的物品是否复位，关闭车门；

（11）打开后排车门，查看车内有无维修杂物遗留，车内是否干净整洁，关闭车门；

（12）打开后备箱盖，查看后备箱内有无维修杂物遗留，随车工具是否齐全；

（13）将维修旧件包装好放置在后备箱内，关闭后备箱盖；

（14）检查完毕后，将车辆上锁，填写车辆终检表并在服务顾问签字栏签字，带好维修工单及车钥匙返回维修接待区域。

2. 话术

维修技师："你好，张华！季先生的车辆已经维修完毕并通过了车间的质检，这是车辆的钥匙和维修工单，维修旧件已经包装好并放置在后备箱内，车辆现在还停放在质检工位上。"

张华："好的，谢谢师傅！我马上就把车开离质检工位。"

维修技师："不客气！"

3. 工作场景

维修技师已将车辆维修完毕，并通过了车间质检，他找到服务顾问张华，开始进行车辆交接工作。

维修技师："你好，张华！季先生的车辆已经维修完毕并通过了车间的质检，这是车辆的钥匙和维修工单，维修旧件已经包装好并放置在后备箱内，车辆现在还停放在质检工位上。"

张华："好的，谢谢师傅！我马上就把车开离质检工位。"

维修技师："不客气！"

张华接过钥匙及相应材料，上车启动车辆后驶离质检工位，最终将车停放在交车工位上。下车熄火前，她利用随身携带的接车检查表、维修工单、终检表、车钥匙、签字笔、白手套、机油擦拭布等工具和材料，实施了车辆的最终检查。

车辆的最终检查是按照驾驶座、发动机舱、副驾驶座、后排、后备箱这一顺时针顺序绕车进行的，全程不超过10分钟。

第六章
结算交车

第一节 维修结算

一、维修票据

客户到店提车前，服务顾问应把维修结算单打印好。这样做的好处是当客户到店提车时，服务顾问马上就能拿出结算单向客户解释维修情况和费用，一方面，能够让客户感到服务顾问的专业态度，使顾客得到一种尊贵的服务体验；另一方面，一份清晰明了的结算单可以消除客户的疑虑，让客户明白消费，提高顾客满意度。

结算单是客户结算修理费用的依据，一份完整的维修结算单由四个内容组成：基本信息、维修内容及费用、附加信息、签名栏。

基本信息包括客户信息和车辆信息。客户信息指客户的姓名、电话、联系地址等，一般情况下，不论车辆归属者是个人还是集体，登记的往往是送修人的信息资料，这样做的目的是为了更好地开展售后电话回访。而车辆信息一般包括车型、车牌、里程、VIN码等，有些品牌的车辆信息可能远远不止这些。

维修内容及费用是维修结算单的重点内容。为了让客户一目了然，目前主要有两种维修费用的罗列方式。一种是分类罗列，即按照维修项目、工时、配件分别罗列维修费用，其中维修项目没有金额，只有文字说明，工时、配件罗列出名称、数量及金额；另一种是分项罗列，即按照车辆维修的项目，将维修项目和所用工时、配件的数量及金额罗列在一起。

任务描述中季先生的车辆维修费用，按两种罗列方式如表6-1所示。

表 6-1 两种罗列方式

<table>
<tr><th>分类罗列</th><th>分项罗列</th></tr>
<tr><td>维修项目：1. 更换机油
2. 更换右后车窗玻璃升降器
工时：1. 更换机油60元
2. 更换右后车窗玻璃升降器80元
小计： 140元
配件：1. 机油 1桶266元
2. 机滤1个39元
3. 玻璃升降器1个199元
小计： 504元
总计：644元</td><td>1. 更换机油 60元
机油1桶266元
机滤1个39元
小计：365元

2. 更换右后车窗玻璃升降器80元
玻璃升降器1个199元
小计：279元

工时：140元 配件：504元 总计：644元</td></tr>
</table>

附加信息包括质量保证、车辆保养使用建议、预约及道路救援电话、下次保养里程或时间提醒等内容。

签名栏主要是服务顾问和客户的签字及日期，客户签字后意味着对本次维修项目及费用的认可。维修结算单如表6-2所示。

表 6-2 维修结算单

<table>
<tr><td colspan="6">××汽车销售服务有限公司

客户姓名： 电话： 联系地址：
车型： 车辆牌照： 里程数：
VIN码： 进厂日期： 出厂日期：</td></tr>
<tr><td colspan="6">维修项目</td></tr>
<tr><td colspan="6"></td></tr>
<tr><td>序号</td><td>项目</td><td>金额</td><td>序号</td><td>项目</td><td>金额</td></tr>
<tr><td>1</td><td>材料费</td><td></td><td>5</td><td>拖车费</td><td></td></tr>
<tr><td>2</td><td>工时费</td><td></td><td>6</td><td>吊车费</td><td></td></tr>
<tr><td>3</td><td>急救费</td><td></td><td>7</td><td>管理费</td><td></td></tr>
</table>

（续表）

<table>
<tr><td>4</td><td>拆检费</td><td></td><td>8</td><td>其他费用</td><td></td></tr>
<tr><td>费用合计</td><td colspan="5">大写：　　　　　　　　　　　　　　　　　小写：　　元</td></tr>
<tr><td colspan="6">质量保证</td></tr>
<tr><td colspan="6">该车按双方约定进行维修并检验合格。维修竣工车辆实行质量保证，保证期为车辆行驶____________km或__________日。质量保证期中行驶里程和日期指标以先达到者为准。保证期从维修竣工出厂之日起计算。因维修质量原因造成机动车无法正常使用，由本厂负责无偿返修，在原维修范围内修竣，交托修方。</td></tr>
<tr><td colspan="6">服务顾问：___________　　　　　　　　客户：___________
_______年____月____日　　　　　　　_______年____月____日</td></tr>
</table>

二、结算单说明

在向客户说明结算单时，应注意以下几点：

1. 主动向客户解释结算单上的有关内容，特别是维修项目工时费和配件材料费，让客户放心。

2. 结算单上应包含所有已维修的项目和费用，服务顾问应逐项解释。为避免因漏项或多项导致的客户纠纷，建议结合接车单进行解释。

3. 如果实际费用与估算的费用有差异，需向客户说明原因，得到客户的认同。

4. 结算单应按公开的价格进行结算，避免客户因价格不同产生不满。

5. 解释结算单的服务顾问应该是接车时的服务顾问，熟悉客户和车辆，以便更好地提供服务。

6. 对于客户拒绝维修的项目或是由于联系不上客户导致未能维修的新增项目，特别是涉及安全的，在解释结算单时，应提醒客户，并请客户在相应位置签字确认。

7. 向客户说明完毕后，服务顾问应在结算单相应位置签字，再交由客户签字确认，然后应引导客户到收银台结账。

8. 结算单一般一式两份，客户带走顾客联，另一联由财务部门留存。

工作情景案例

客户季先生的车辆维修项目为：1.机油保养（更换机油、机油滤清器）；

2.更换右后车窗玻璃升降器。

维修保养需更换机油1桶266元，更换机油滤清器1个39元，工时费60元；更换右后车窗玻璃升降器1个，配件费199元，工时费80元。

服务顾问张华对车辆的最终检查已经完毕，她该如何打印维修结算单，以便客户对自己车辆的维修项目及金额有一个准确清楚的认识呢？

1. 流程

（1）根据维修工单制作维修结算单；

（2）维修结算单必须有标题、基本信息、维修项目、维修材料费及工时费、备注、签字栏；

（3）客户到店取车时，做好接待工作；

（4）向客户索要提车凭证；

（5）将事先准备好的维修结算单交给客户预览；

（6）向客户解释维修结算单的内容，逐项解释维修项目、材料、工时；

（7）客户对维修费用无异议，服务顾问和客户双方都需要在维修结算单上签字；

（8）陪同客户至财务处付款开票，并拿到车辆出门证。

2. 话术

张华：“季先生，请问您带了提车凭证吗？”

季先生：“带了。”（取出提车凭证）

张华：“季先生，这是您的爱车本次维修保养的费用清单。您的爱车本次做了机油保养和右后车窗玻璃升降器的更换，其中机油保养需要更换机油1桶、机油滤清器1个，机油1桶266元，机油滤清器1个39元，这是材料费，更换机油的工时费是60元，本项目小计365元。更换右后车窗玻璃升降器需要用到右后车窗玻璃升降器1个199元，更换的工时费是80元，此项目小计279元。因此，本次保养和维修费用总计644元。这跟我们之前的报价基本一致，您看还有什么问题？”

季先生：“没有问题。”

张华：“如果没有问题的话，麻烦您在这里签字。”

张华：“季先生，下次您的爱车的保养时间是在5000km之后，因为本次您事先有预约，所以我们才能这么迅速地为您服务，节省了您的宝贵时间，因此希望下次您也能事先预约，我们的预约电话是400-×××-××××，这是为了感谢您本次预约特地赠予的小礼物，请收好！（递上小礼物）季先生这边请，我陪您去财务处付款。”

3. 工作场景

季先生的爱车的维修项目为：机油保养（更换机油、机油滤清器）、更换右后车窗玻璃升降器。

根据维修项目、所用材料及工时，张华制作了一份清晰完整的维修结算单，并在结算单上罗列了本店能够提供的超值服务及注意事项。

下午3点，季先生准时来到4S店取车。

季先生一进大厅，张华就看到了他。她马上快步上前迎接季先生，说："您好，季先生！您的爱车已经维修完毕，这边请！"

张华把季先生引导至接待区："季先生，您请坐。今天外面天气挺冷的，我们这里有热咖啡、红茶、绿茶，请问您要喝什么？"

季先生："咖啡，谢谢！"

张华："好的，季先生，请您稍等一下。"

张华端了一杯咖啡，放到季先生面前："季先生，让您久等了。"

张华接着说："季先生，请问您带了提车凭证吗？"

"带了。"季先生说着把提车凭证递给了张华。

张华接过提车凭证并核对无误后，把之前做好的维修结算单放在了季先生面前："季先生，这是您的爱车本次维修保养的费用清单。您的爱车本次做了机油保养和右后车窗玻璃升降器的更换，其中机油保养需要更换机油1桶、机油滤清器1个，机油1桶266元，机油滤清器1个39元，这是材料费，更换机油的工时费是60元，本项目小计365元。更换右后车窗玻璃升降器需要用到右后车窗玻璃升降器1个199元，更换的工时费是80元，此项目小计279元。因此，本次保养和维修费用总计644元。这跟我们之前的报价基本一致，您看还有什么问题？"

季先生："没有问题。"

"如果没有问题的话，麻烦您在这里签字。"张华递上一支签字笔，指着维修结算单客户签名栏说道。

季先生、张华双方签字确认。

张华："季先生，下次您的爱车的保养时间是在5000km之后，因为本次您事先有预约，所以我们才能这么迅速地为您服务，节省了您的宝贵时间，因此希望下次您也能事先预约，我们的预约电话是400-×××-××××，这是感谢您本次预约特地赠予的小礼物，请收好！（递上小礼物）季先生这边请，我陪您去财务处付款。"

张华将季先生引导至财务处，财务将发票和车辆出门证装在信封内交给季先生。

张华："季先生，我们去看一看您的爱车吧！这边请。"

小知识

首因效应

有这样一个故事：一个新闻系的毕业生正急于寻找工作。

一天，他到某报社对总编说：“你们需要一个编辑吗？”

“不需要！”

“那么记者呢？”

“不需要！”

“那么排字工人、校对呢？”

“不，我们什么空缺也没有了。”

“那么，你们一定需要这个东西。”说着他从公文包里拿出了一块精致的小牌子，上面写着“额满，暂不雇用”。

总编看了看牌子，微笑着点了点头，说：“如果你愿意，可以到我们的广告部工作。”

这个大学生通过自己制作的牌子表达了自己的机智和乐观，给总编留下了美好的第一印象，引起了他极大的兴趣，从而为自己赢得了一份满意的工作。这种第一印象的微妙作用，在心理学上称为首因效应。

首因效应是由美国心理学家洛钦斯首先提出的，他认为人际交往中给人留下的第一印象至关重要，对印象的形成影响很大。

首因效应本质上是一种优先效应，当不同的信息结合在一起的时候，人们总是倾向于重视前面的信息，即使人们同样关注了后面的信息，也会认为后面的信息是非本质的、偶然的。人们习惯于按照前面的信息解释后面的信息，即使后面的信息与前面的信息不一致，也会屈从于前面的信息，以形成整体一致的印象。在生活节奏飞快的现代社会，很少有人会愿意花更多的时间去了解一个留给他不美好第一印象的人。

第二节 交车作业

一、交车前的准备

服务顾问在确认车辆维修项目已完成后，要及时与客户取得联系，约定交车的时间、方式和付款事宜等，在客户方便的时间内进行交车。

在等待客户到店取车的过程中，服务顾问应准备好维修合同、工单、结算单、报价单、旧配件、车钥匙及行驶证等，便于客户到店后解释说明。同时，服务顾问还要打印好有关质保条例及今后车辆保养使用方面的建议，确认竣工车辆是否已在竣工区停妥且车头朝向客户离开的方向。

在交车阶段，客户当然期望车辆问题已经得到了妥善的解决，同时也期望服务顾问能一如既往地接待自己，所以服务顾问应该像接车时一样礼貌、热情、得体、规范、专业地对待每一位前来取车的客户。

二、交车流程

交车流程如图6-1所示。

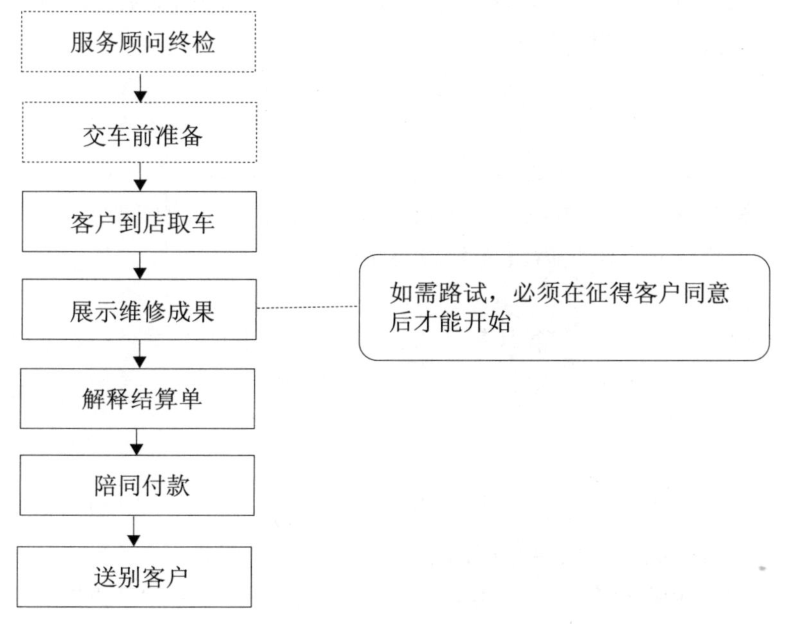

图 6-1 结算交车流程图

在交车阶段，从客户到店取车至送别客户共有5个步骤。

1. 客户到店取车

客户在约定的交车时间到店后，服务顾问应立即上前迎接、递送饮料、热情接待，减少客户等待的时间。

客户取车时应携带提车凭证，一般情况下，维修工单的副本即提车的唯一凭证。如果客户未携带提车单，服务顾问应核实情况并留下客户身份信息，请客户签字确认后提车；如客户委托他人前来提车，则需提供提车人的身份信息及提车单，同时电话询问车主确认信息，确认无误后签字提车。

2. 展示维修成果

告知客户待交付的车辆已经准备就绪；陪同客户现场讲解、演示维修保养工作结果；与客户共同检查车身外观及清洁等情况；与客户共同检查车内清洁状况及行李箱内物品完整情况；展示维修保养替换下来的旧件，并将客户要求带走的旧件包装放置好；介绍车辆的日常维护方法和使用注意事项；说明备胎、轮胎胎压、随车工具已检查；提醒客户下次保养的时间和里程；当着客户的面取下一次性车辆护具，并丢弃于指定垃圾桶。

在展示维修成果时，建议服务顾问依据环检单和维修工单进行逐项讲解，便于客户了解情况，必要时，还可以邀请车间技术人员陪同客户一起路试并进行解释。

服务顾问应使用通俗易懂的语言向客户解释维修内容并回答客户的提问，客户满意后请客户在终检单上签字确认。

3. 解释结算单

向客户逐项解释结算单的费用构成；将填写好的保养维修手册展示并还给客户；针对客户未同意处理的项目向其解释并请客户签字确认；结算单上通常会印有维修保养预约电话、道路救援电话等，服务顾问应向客户解释清楚；维修结算单解释清楚后，请客户签字确认。

4. 陪同付款

服务顾问应陪同客户至财务处办理付款结账手续；同时协助客户理清各项单据、手册等；将车钥匙、行驶证、出门证交给客户，提醒客户带好随身物品。

5. 送别客户

向客户到店表示感谢，并与客户确认后续联系方式，提醒客户后续会有回访电话，如车辆维修保养存在问题，可以及时反馈。

服务顾问应陪同客户到车旁，帮助其打开车门，与客户道别并欢迎再次光临，目送客户直至离店后，方可转身离开。

结算交车环节时间应控制在10分钟以内。

需要注意的是，结算交车的步骤并不是一成不变的，有些客户到店后希望先付款后看车，而有些客户则希望先看车后付款，因此服务顾问要根据客户的具体要求调整结算交车的流程，但每个步骤的细节必须做到位。同时为了获得客户的好感，服务顾问在结算交车这一环节中还可以多做一点工作，如告知客户车辆剩余零件的使用寿命，用口头或卡片的形式提出一些车辆使用建议等。这不会增加任何额外的费用，却可以让客户感受到维修企业对他的体贴和关怀，有利于提升客户满意度。

工作情景案例

客户季先生的车辆维修项目为：1. 机油保养（更换机油、机油滤清器）；2. 更换右后车窗玻璃升降器。

机油保养需更换机油1桶266元，更换机油滤清器1个39元，工时费60元；更换右后车窗玻璃升降器1个，配件费199元，工时费80元。

服务顾问张华制作了一份维修结算单，同时电话告知客户车辆已经维修完毕可以提车了。接下来，张华将如何向客户展示维修的成果并成功交车？

1. 流程

（1）引导季先生至交车工位；

（2）将车钥匙交给季先生，请他坐到主驾位查看车辆的维修成果；

（3）请季先生下车，引导他环车查看车辆外观；

（4）说明服务顾问已经查看过的、为客户提供的超值服务内容；

（5）请客户带好随身物品上车；

（6）说明道路交通状况，有礼貌地向客户道别；

（7）挥手送别，目送客户直至远离视线。

2. 话术

“您看，新更换的机油液位处于正常值范围内，并且颜色清澈，适时更换机油有助于延长发动机的使用寿命。您的爱车下次保养时间是在5000km后。另外，发动机舱各油液位置我都帮您查看过了，都处于正常值，油液盖也都拧紧了。请您放心驾驶。”

“车辆内外我们都帮您进行了清洗，车内的物品也都放回原来的位置了。车辆的保养手册、行驶证我已经放在副驾驶位置的手套箱里了，您可以仔细查看一下。”

“后备箱的随车工具我已经检查过了，没有缺失，备胎的气压处于正常值。四个轮胎也都检查过了，气压均处于正常值范围内，请您放心驾驶。另外，更换下来的旧件也已包装好放在后备箱了，您请看！”

“后续我们客户关怀部会有回访电话打给您，希望您对我们的服务提出宝贵的意见，不知道您什么时候接听电话比较方便？”

3. 工作场景

张华已陪同季先生至财务处结账完毕。

张华：“季先生，您的爱车已经维修完毕，请带好您的随身物品，我们一起去看看吧！”

张华引导季先生至交车区。

张华：“季先生，这是您的车钥匙，您可以上车试一试，看所有的维修项目是否都已经完成了。”

张华把车钥匙递给季先生，并帮助打开主驾车门，用手挡头示意季先生坐到车内。

季先生坐入车内，启动车辆后查看右后车窗玻璃升降器升降，观看仪表盘。

张华：“季先生，请您熄火下车，我们一起来看一看更换后的机油品质。”帮助打开车门，并打开发动机舱盖。

张华将机油标尺按规定拔出后展示给客户季先生：“您看，新更换的机油液位处于正常值范围内，并且颜色清澈，适时更换机油有助于延长发动机的使用寿命。您的爱车下次保养时间是在5000km后。（张华将机油标尺放回原位）另外，发动机舱各油液位置我都帮您查看过了，都处于正常值，油液盖也都拧紧了。请您放心驾驶。”

季先生满意地笑了：“谢谢！”

张华：“车辆内外我们都帮您进行了清洗，车内的物品也都放回原来的位置了。车辆的保养手册、行驶证我已经放在副驾驶位的手套箱里了，您可以仔细查看一下。”

“季先生，这边请！”张华引导客户绕过车头到副驾位置，请季先生自己查看。

查看无误后，引导季先生至后备箱处。

“后备箱的随车工具我已经检查过了，没有缺失，备胎的气压处于正常值。四个轮胎也都检查过了，气压均处于正常值范围内，请您放心驾驶。另外，更换下来的旧件也已包装好放在后备箱了，您请看！”张华打开后备箱盖，请季先生查看。

张华：“季先生，您还满意吗？”

季先生：“满意，非常感谢！”

张华关上后备箱盖。

张华：“哪里，应该是我们感谢您选择了我们4S店。后续我们客户关怀部会有回访电话打给您，希望您对我们的服务提出宝贵的意见，不知道您什么时候接听电话比较方便？”

季先生：“好的，我一般每天下午4点到6点比较空闲。”

张华：“谢谢您的配合！季先生，车辆出门证在财务刚才交给您的信封内，等会儿把它交给门口的保安就可以了。现在距离下班高峰还有一段时间，交通情况应该比较畅通。请注意安全驾驶！”张华引导客户至主驾位置帮助打开车门，请季先生入座。

季先生：“好的，谢谢你！”

季先生入座后张华帮助其关上车门。

张华：“季先生，下次您来店前也请预约，您可以拨打维修结算单上的预约电话，也可以直接给我打电话。如果您平时用车有什么问题的话，也欢迎您给我打电话。非常荣幸能够为您服务，再见！”

季先生：“好的，再见！”

季先生启动车辆，驶离4S店，张华目送客户，挥手致意。

小知识

近因效应

近因效应与首因效应相反，是指在多种刺激同时出现的时候，印象的形成主要取决于后来出现的刺激，即交往过程中，我们对他人最新的认识占据了主体地位，掩盖了以往形成的对他人的评价，因此，也称为“新颖效应”。

美国心理学家洛钦斯用其编撰的两段文字作为实验材料研究了首因效应现象。他编撰的文字材料主要是描写一个名叫吉姆的男孩的生活片段，第一段文字将吉姆描写成热情并外向的人，另一段文字则相反，把他描写成冷淡而内向的人。例如，第一段中说吉姆与朋友一起去上学，走在撒满阳光的马路上，与店铺里的熟人说话，与新结识的女孩子打招呼等；第二段中说吉姆放学后一个人步行回家，他走在马路的背阴一侧，他没有与新近结识的女孩子打招呼等。在实验中，洛钦斯把两段文字加以组合：

第一组，描写吉姆热情外向的文字先出现，冷淡内向的文字后出现。

第二组，描写吉姆冷淡内向的文字先出现，热情外向的文字后出现。

第三组，只显示描写吉姆热情外向的文字。

第四组，只显示描写吉姆冷淡内向的文字。

洛钦斯让四组被试分别阅读文字材料，然后回答一个问题“吉姆是一个什么样的人？”结果发现，第一组被试中有78%的人认为吉姆是友好的，第二组中只有18%的被试认为吉姆是友好的，第三组中认为吉姆是友好的被试有95%，第四组只有3%的被试认为吉姆是友好的。

这项研究结果证明，信息呈现的顺序会对社会认知产生影响，先呈现的信息比后呈现的信息有更大的影响作用。但是，洛钦斯进一步的研究发现，如果在两段文字之间插入某些其他活动，如做数学题、听故事等，则大部分被试会根据活动以后得到的信息对吉姆进行判断，也就是说，后获得的信息对他们的社会知觉起到了更大的影响作用，这个现象叫做近因效应。

近因效应指在总体印象形成过程中，新近获得的信息比原来获得的信息影响更大的现象。研究发现，近因效应一般不如首因效应明显和普遍。在印象形成过程中，当不断有足够引人注意的新信息出现，或者原来的印象已经淡忘时，新近获得的信息的作用就会较大，就会发生近因效应。个性特点也会影响近因效应或首因效应的发生，一般心理上开放、灵活的人容易受近因效应的影响；而心理上保持高度一致，具有稳定倾向的人，容易受首因效应的影响。

第七章

维修跟踪

第一节 跟踪回访

一、跟踪回访的定义

跟踪回访指的是汽车企业和经销商在为客户提供售后服务后，由工作人员就此次售后服务的客户满意度等项目进行访问的一种客户关系管理形式。

二、跟踪回访的重要性

乔·吉拉德曾经说过，推销活动真正的开始是在成交之后，而不是之前。汽车产品较长的使用时间决定了客户对汽车的消费并不仅仅是购买新车，而更多的是对汽车售后服务的消费。有数据表明，在汽车经销商的毛利中，售后部门所贡献的比重已经超过了40%。如何让一个普通消费者转变为一家经销商的忠实客户，是每家汽车企业首要考虑的问题之一。而跟踪回访则是维护客户关系的重要手段。

从汽车企业层面而言，售后服务跟踪回访可以让消费者感受到来自本品牌的关怀，使消费者获得一种被重视感，从而提升客户对本品牌的忠诚度；同时也能让汽车企业直接了解经销商乃至工作人员的服务质量，提高企业对经销商的管控力，并可以为企业的经营决策提供一手信息。

从汽车经销商角度讲，做好跟踪回访可以让经销商快速了解客户对本店的服务质量满意程度，为后续的改进提供依据，不断提升和巩固客户满意度、忠诚度，从而在本区域的竞争中获得先机。

从服务顾问角度而言，客户资源非常珍贵，维护好客户关系就是不断巩固自身的利益。维护好客户关系的方方面面，让客户口口相传，可以提升客户的满意度，同时也能提升客户的忠诚度。

三、跟踪回访的种类和形式

按照不同的划分标准，售后服务跟踪回访可以分为如下几类：

1. 按回访发起者划分，可以分为汽车企业回访、经销商回访和服务顾问回访等。

2. 按照提供的售后服务项目划分，可以分为常规保养回访、车辆正常维修回访、重复维修回访以及保修回访。

3. 按照客户来店（电）目的划分，可以分为常规回访、抱怨回访和投诉回访。

4. 按照回访的进行形式划分，可以分为电话回访、邮件回访、上门回访等。

工作情景案例

客户季先生刚结束爱车的售后保养，整个过程高效顺利，季先生非常满意。为了进一步提升客户满意度和忠诚度，服务顾问张华负责对季先生进行售后跟踪回访。张华初次接触这项工作，她将如何完成该任务呢?

1. 流程

一般来说，售后跟踪回访可根据客户离店时间分为四个阶段，每个阶段的回访侧重点是不同的。售后跟踪回访阶段如图7-1所示。

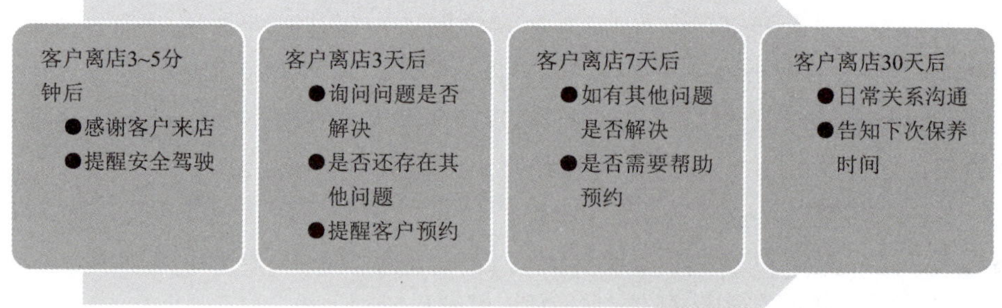

图 7-1 售后跟踪回访阶段

在服务顾问的日常工作中图7-1，应当特别关注对客户的回访。虽然回访工作有专门的部门负责，但一定的联系可以进一步拉近服务顾问与客户之间的关系，为后续工作的开展奠定良好的基础。现以客户离店3天后的回访为重点，介绍售后回访的工作流程，如图7-2所示。

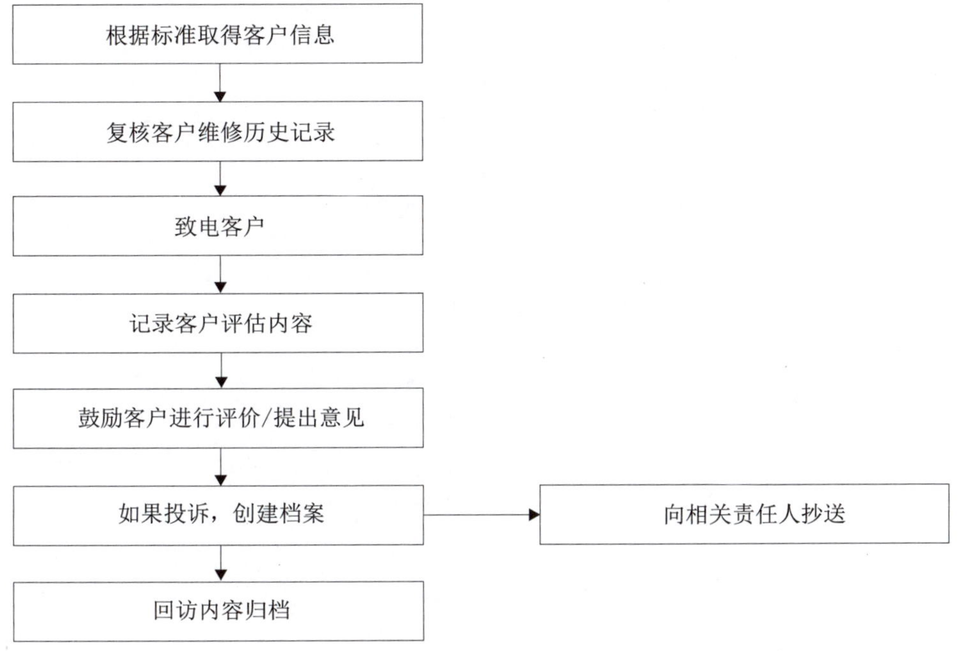

图 7-2 售后回访工作流程图

2. 话术

拨打回访电话是提升客户满意度的基本方法。为了不断让客户满意，进而保证客户的忠诚度，回访人员必须严格执行回访电话拨打流程，如图7-3所示。

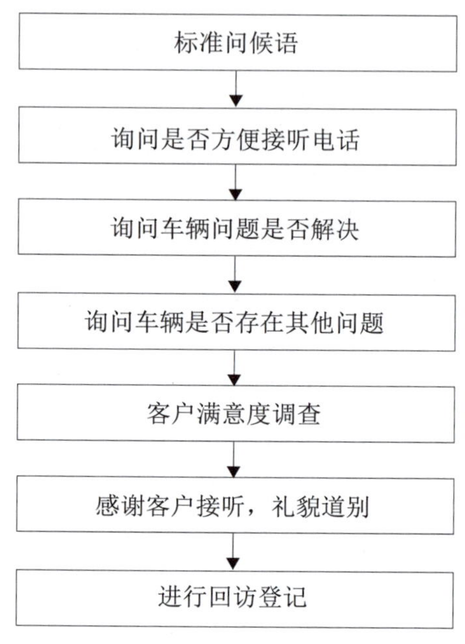

图 7-3 回访电话拨打流程

3. 工作场景

客户季先生做完爱车的维修和保养已经过去三天了，这天，他正在办公室上班，他的电话响起了，他看到来电号码是接待他的服务顾问张华。

客户：“小张你好，有什么事吗？”

张华：“您好，季总。抱歉打扰了，方便接听电话吗？”

客户：“没事，你说吧。”

张华：“季总，耽误您几分钟时间做一次售后回访。您的爱车这几天用着还好吧？”

客户：“挺好的，底盘附近没再响过。”

张华：“那我就放心了，那您对本次维修质量还满意吧？”

客户：“我非常满意。”

张华：“非常感谢您对我们工作的信任，请问季总，您对我们工作人员的服务态度和工作效率还满意吗？”

客户：“你们也很辛苦，我非常满意。”

张华：“谢谢您的关心。季总，您的爱车近来在使用过程中还有没有疑问，我可以帮您解答一下？”

客户：“都还好的，我就是希望你们的休息室能把网速提高一下，我上次去的时候很卡。”

张华：“这样啊，好的，季总，很感谢您对我们工作的指导，我记录下来了，一会儿我会反馈给我们经理进行改进。季总，请问还有其他问题吗？”

客户：“没有了。”

张华：“感谢您对我们工作的支持，您下次来店前拨打我们的预约电话，可以帮您节省时间。季总，祝您用车愉快，请您挂电话，再见。”

客户：“再见。”

第二节 异议处理

客户在服务顾问向其介绍或推荐售后产品，或购买精品附件时，几乎都会表现出警惕抵触情绪。这些抵触有些是心理上的，有些是逻辑上的。心理抵触包括对外来干预的抵制；喜欢自己已经养成的习惯；生性对事物漠不关心；不愿意放弃某些东西；对别人不愉快的联想；反对让别人摆布的倾向；预定的构想；不喜欢做决定。出于逻辑原因的抵触可能包括对价格、交货期，或是对某些产品或某个公司的抵制。要处理好这些抵触情绪，服务顾问就应采取积极的方法，请客户说明他反对的理由，设法找出隐瞒的反对原因，使拒绝成为提供信息的机会，将对方的异议转变为购买的理由。因此，正确对待和妥善处理客户异议，是优秀服务顾问必备的基本功。

1. 异议的定义

所谓异议，是客户在与服务顾问的沟通过程中所做出的一种在形式上表现为怀疑、否定或反对的一种反应。简单地说，被客户用来作为拒绝购买售后产品理由的意见、问题、看法，就是客户异议。

2. 异议的类型

（1）对价格的异议

“你们店的保养价格太贵了……”“这种价格，我负担不起……”“你们有价格低一点的零件吗……”对价格有异议，是所有异议中最常见的一种，服务顾问如果无法处理这种异议，他推荐的售后项目十之八九都会失败。

（2）对维修质量的异议

“听说像你们这种新店都是没有经验的年轻技师在修车……”“4S店的修理水平不见得比维修厂高多少……”“你们的诊断设备先进吗……”这也是常见的异议，服务顾问要先对售后工作有充分的认识和了解，然后才能用适当的、有利的理由消除客户的异议。

（3）对维修效率的异议

客户将车辆送至经销商处进行维修保养，常抱怨提车时间经常延误，以至于耽误他们的工作和生活。服务顾问如果能充分了解服务组织流程以及零件库存信息，就能以恰当的方式取得客户的谅解。

（4）对公司的异议

客户的异议有时不只是针对产品，他们对公司的财务情况和经营方式也会提出异议。因此，服务顾问还要树立厂家和销售商良好的口碑和信誉等。

（5）对服务顾问个人的异议

有些客户只对服务顾问个人有异议，他不喜欢这个服务顾问的沟通方式，不愿意让服务顾问接近，同时也排斥服务顾问带来的构想和建议。为获得顾客的认可，服务顾问一定要穿着整洁，善于察言观色，还要设法让客户觉得服务顾问是诚心诚意想帮他的忙，尤其重要的是不能欺骗客户，如果让他上一次当，他就永远不会再相信服务顾问了。

（6）因为竞争者而产生的异议

一些客户常常会说“我们现在对某品牌的汽车非常满意”。对许多有经验的服务顾问来说，有竞争对手并不是一个严重的问题，只要能向客户证明本店提供的维修产品比别人的更好（或不比别人差），服务质量也比别人的更好，就能成功击败竞争对手。

（7）因为不需要而产生异议

有些客户说“我根本不需要燃油添加剂……”“我觉得车子再开一段时间后再保养也来得及……”对于这样的客户，也应该以热情的态度表示理解，欢迎他以后光临。

3. 正确看待异议

异议不能限制或阻止，而只能设法去引导和控制。在处理异议时，应首先对异议有一个客观正确的认识，并注意以下几点：

（1）异议是客户的必然反应

服务顾问与客户各为一个利益主体，当客户用自己的利益选择标准去衡量服务顾问的工作时，必然会产生赞同或否定的反应。一些成功的服务顾问甚至认为，客户提出异议，正是客户关切自身利益的表现。因为，只有当客户开口说话，提出意见与反对购买的理由时，服务顾问才有可能了解异议。因此，服务顾问不能认为客户一提反对意见，就是对自己所推荐的服务不感兴趣，因而害怕客户提反对意见。相反，服务顾问应对客户提出的反对意见表示欢迎，并把客户所提的反对意见作为检验自己以及企业推荐服务的一个参考依据。

（2）客户异议既是服务项目推荐的障碍，也是成交的前奏与信号

客户对服务顾问与售后产品等提出异议，当然是为进一步推荐设立了障碍，但是，如果没有这些障碍的出现，服务顾问始终只能唱独角戏。客户一旦发表了异议，推荐工作便进入了双向沟通阶段，因为客户提出的异议可能是在告诉你，我对你的产品或服务已经发生了兴趣，但我还需要更进一步地

了解商品的功能与价值，才能作出最后的决定。

服务顾问可以抓住这个机会，进行更详细的说明，把售后产品的功能、特征及使用价值解释得更清楚。所以说，客户提出异议表明推荐工作已向成交跨进了一步，使推销有了进一步发展的基础。因此，服务顾问既要看到客户的异议为推荐工作设置了障碍，也应看到解决客户异议就可成交的前景。

（3）认真分析客户异议

客户异议是多种多样的，不同的客户会有不同的异议，对同一内容的异议又会有不同的根源。因此，服务顾问必须仔细深入地观察和判断客户的言谈举止，洞察客户的动作表情，把握客户的心理活动状态，正确理解客户异议的内容，区别与判断不同的异议根源，才能有的放矢地处理好客户异议。

总之，在客户接待过程中，客户异议是服务顾问经常遇到的，只有正确地认识，妥善地处理，才能有效促成售后服务工作的顺利完成。客户异议是一种现象，服务顾问要做的工作，就是充分利用客户提出异议这一契机，及时给予顾客满意的答复，策略性地使客户加深对产品的认识，改变客户原来的看法。

4. 经销商工作人员处理异议时应秉持的态度

要处理好客户异议，首先服务顾问要对异议有正确的看法与态度。有了正确的态度，才有处理好客户异议的技巧。

（1）情绪轻松，不可紧张

服务顾问要认识到异议是必然存在的，在心理上不能有异常的反应。听到客户提出异议后，应保持冷静，继续以笑脸相迎，并了解反对意见的内容或要点及重点。

一般可以用下列语句作为开场白：“我很高兴您能提出此意见”、“您的意见非常合理”、“您的观察很敏锐”等。当然，要轻松地应付异议，就必须对产品、公司政策、市场及竞争者有深刻的认识，这些是控制异议的必备条件。

（2）认真倾听，真诚欢迎

服务顾问在听到客户所提出的异议后，应表示对客户意见的真诚欢迎，并聚精会神地倾听，千万不可加以阻挠。另外，服务顾问必须承认客户的意见，以示尊重。这样，当服务顾问提出解决异议的方案时，客户自然也较易接纳。

（3）重述问题，证明了解

服务顾问对客户重述其所提出的反对意见，表示已了解。必要时可询问客户，其重述是否完整，并选择反对意见中的若干部分予以诚挚的赞同。

（4）审慎回答，保持友善

服务顾问对客户所提出的异议，必须审慎回答。一般情况下，应以沉着、坦白及真诚的态度将有关事实、数据、资料、证明，以口述或书面的方式送交客户。措辞必须恰当，语调必须温和，在和谐友好的气氛下进行洽商，以解决问题。假如不能解答，也不可以乱说一通。

（5）尊重客户，圆滑应付

服务顾问切记不可忽略或轻视客户的异议，以避免客户的不满或怀疑，使交易谈判无法继续下去。服务顾问也不可赤裸裸地反驳客户，如果粗鲁地反对其意见，甚至指出其愚昧无知，则将永远无法弥补与客户之间的关系。

（6）准备撤退，保留后路

客户的异议不是轻而易举就能解决的。服务顾问与客户面谈时所采取的方法，对于服务顾问与客户将来的关系有很大的影响。如果根据洽谈的结果，认为一时不能成交，那就应设法使日后重新洽谈的大门敞开，以期再有机会去讨论这些分歧。因此，服务顾问要时时做好遭遇挫折的准备，如果还想得到“胜利”的话，在这个时候就应该“光荣地撤退”。

5. 处理异议的一般方法

异议本身有不同的类型，同时产生异议的客户千面不一，面对异议的经销商工作人员也是各有专攻，所以处理异议也要讲究不同的方法。根据不同情况，简单介绍如下7种异议处理方法：

（1）转折处理法

这种方法是服务顾问处理客户异议时的常用方法，即服务顾问根据有关事实和理由间接否定客户的意见。应用这种方法是首先承认客户的看法有一定道理，也就是向客户做出一定让步后再讲出自己的看法，而一旦使用不当则可能会使客户提出更多的意见。在使用过程中要尽量少用“但是”一词，而实际谈话中却包含着“但是”的意思。只要灵活掌握了这种方法，就能保持良好的洽谈气氛，为谈话留有余地。

（2）转化处理法

这种方法利用客户的反对意见，客户的反对意见具有双重属性，它是交易的障碍，同时又是很好的交易机会。服务顾问如果能利用其中的积极因素去抵消消极因素，未尝不是一件好事。比如服务顾问推荐燃油添加剂，客户却说“我之前用过，好像没什么效果。”这时不妨说“正因为您之前用过，所以一定对目前的油品质量没有很高的信心吧，您不妨试试我们这款专为缸内直喷涡轮增压发动机开发的新型添加剂吧，缸内直喷涡轮增压发动机对油品质量的要求更高。”这样一来，客户就会留意产品并产生兴趣。这种方法是直接利用客户的反对意见，在转化反对意见时应讲究礼仪，绝对不能伤害客户的感情，一般不适用于与成交有关的或敏感性强的反对意见。

（3）以优补劣法

如果客户的反对意见确实切中了公司所提供的服务中的缺陷，服务顾问千万不能回避或直接否定，明智的方法是肯定有关缺点，然后淡化处理，利用其他优点来补偿甚至抵消这些缺点。这样有利于使客户的心理达到一定程度的平衡，促使客户做出购买决策。比如服务顾问推销的冬季保养服务工时较长，而客户恰恰提出“我很赶时间”，这时就可以从容地告诉他：“我们公司的冬季保养服务的确需要一定的时间，但这也恰恰说明了我们在为您的爱车进行非常全面的保养和检查，以便让您的爱车在即将到来的寒冬中时刻保持良好的状态，避免在冰天雪地中处理一些不必要的麻烦，更加节省了您未来的时间。而且您现在决定的话，我们还免费赠送一瓶原厂防冻玻璃清洗液。”这样一来，既打消了客户的异议，又以赠品优势激励客户购买。

（4）委婉处理法

服务顾问在没有考虑好如何答复客户的反对意见时，不妨先用委婉的语气，把对方的反对意见重复一遍，或用自己的话复述一遍，这样可以削弱对方的气势，有时换一种说法会使问题容易回答得多。但要注意只能减弱而不能改变客户的看法，否则客户会认为服务顾问在歪曲他的意思从而产生不满。服务顾问可以在复述之后问一下“您认为这种说法确切吗？”然后再说下文，求得客户的认可。比如客户抱怨“价格比去年高多了，怎么涨幅这么高！”服务顾问可以这样说“是啊，价格比起前一年确实高了一些。”然后再等客户的下文。

（5）合并意见法

这种方法是将客户的几种意见汇总成一个意见，或者把客户的反对意见集中在一起讨论，总之，要起到削弱反对意见对客户所产生的影响。注意不要在同一个反对意见上纠缠不清，因为人们的思维有连带性，往往会由一个意见派生出许多反对意见，在回答了客户的反对意见后，应马上把话题转移开。

（6）反驳处理法

从理论上讲，这种方法应该尽量避免使用。直接反驳对方容易使气氛僵化而不友好，使客户产生敌对心理，不利于客户接纳服务顾问的意见。但如果客户的反对意见产生于对产品的误解，而服务顾问手头的资料恰好能帮助说明问题时，不妨直言不讳，但要注意态度一定要友好而温和，最好能引经据典，这样才最有说服力，同时又可以让客户感受到服务顾问的信心，从而增强了客户对产品的信心。比如客户提出公司的保养价格比别家贵，如果公司实行了推销标准化，产品价格有统一的标准，就可以拿出目录表，坦白地指出对方的错误。

（7）冷处理法

对于客户的一些不影响成交的反对意见最好不要反驳，采用不理睬的方法往往是最佳的。千万不能客户一有反对意见，就立即反驳或以其他方法处理，那样会给客户造成总在挑他毛病的印象。当客户抱怨公司或同事这类无碍成交的问题，都不要予以理睬，转而谈自己要说的问题。比如客户说“啊，你原来是某公司的服务顾问，你们公司周围的环境可真差，交通也不方便呀！”尽管事实并非如此，服务顾问也不要争辩，而是可以说“先生，请您看看产品。”国外的汽车营销专家认为，在实际推销过程中，80%的反对意见都应该冷处理。

工作情景案例

某日，服务顾问张华接待了一位新来店客户李先生，所做的项目是一次机油保养和更换受损左前翼子板。接车报价时，李先生并没有提出任何异议，但交车结账时，李先生认为零件和工时费过高，要求打折。张华面对客户的异议，该如何处理呢?

1. 流程

在异议处理过程中，一般应严格遵循异议处理的步骤，处理“异议”工作流程如图7-4所示。

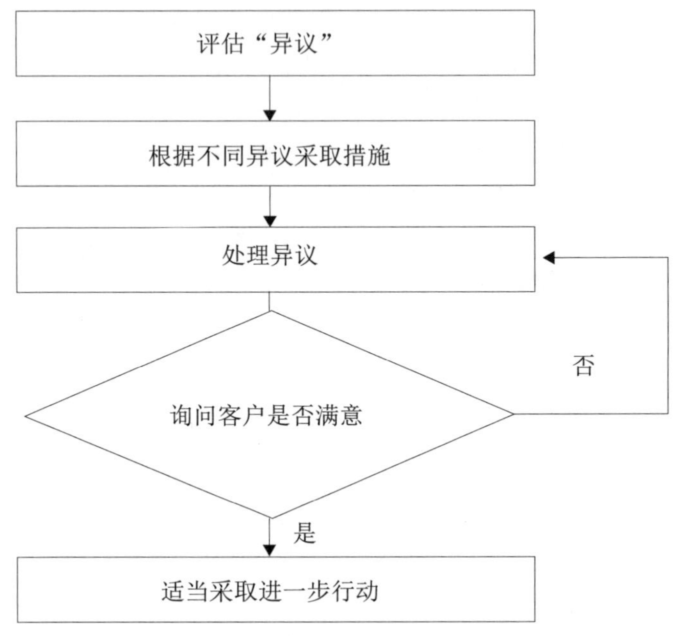

图 7-4 处理“异议”工作流程

（1）注意与关怀

客户在发表意见时，要注意倾听，并且不要打断他的话。同时，要仔细听完他的全部意见，不要妄下断言，否则客户会认为既然服务顾问不了解他，那就不必再谈其他的了。请注意，在倾听对方谈话时，要表现出了解并重视他的观点的样子，即使他的“异议”是荒谬无知的，也要让他感觉到诚恳、关怀、热心和友善。

让对方感觉体贴，是沟通中重要的一环。服务顾问在倾听对方的“异议”后，不妨告诉他“您的意见的确与众不同，我确实了解您的感受。”“大部分人一开始都会有这种感觉，当然了，我想您一定想知道更多有关这种产品的信息，是不是？”关怀并不是同情，服务顾问一定要把握好尺度，才能克服“异议”。

（2）评估“异议”

服务顾问在倾听对方述说“异议”时，要立即在心中作一番评估，并想好以什么样的态度以及何种方式来处理“异议”。对方的“异议”说得越多越详细，就越知道该怎样处理这些“异议”；同时，对“异议”的评估越正确，就越能肯定自己该采取什么样的态度。

如果在评估“异议”时，发现对方只是在拖时间、找借口或是习惯性的抱怨，那就只需要点头，然后开始告诉对方服务产品的优点以及可能为他带来的利益。

（3）点头效益

客户在述说“异议”时，如果这些“异议”并没有实质性的内容，服务顾问大可不必浪费时间去跟他争论。因为唇枪舌剑的结果不但于事无补，反而可能把对方惹火。

对付这类“异议”最聪明的办法，就是先点头或是用简单的“我懂”、“很好”或“我了解”来赢得客户的信任，然后再把他不知道或是没有提到的优点告诉他，让客户改变对推介产品的印象。

客户述说“异议”，就是告诉服务顾问“到现在为止，你还没有把我想要的利益告诉我”。

如果服务顾问明白了这一点，那么对那些无关紧要的“异议”，只需点头而不必多辩，真正该做的就是“满足他的需要，把售后服务的利益卖给他”。换言之，就是要告诉对方他所不知道的服务产品的真正好处。

（4）将“异议”转换成问话

客户的“异议”代表了他的观点、意见和臆断，他既然诉说了“异议”，很自然地，一定会为他的“异议”进行辩护。服务顾问的任务，就是消除客户的“异议”。

例如，当客户说“你们店的保养费用太贵了”时，服务顾问不要直来直往地回答“不贵，不贵”，因为这种答案是任何人都听不进去的。因此，如何顺着客户的话把他的“异议”转换成一种问话式的答辩，是服务顾问应该注意到的技巧。因而遇到这种情况，服务顾问可以说“我明白，您的意思是担心我们维修水平不够高，服务不够完善，对吗?”

这种把“异议”转换成问话的方式，有几点好处：

①改变敌对的立场。让客户觉得，服务顾问是能替他设想的“参谋”而不是“敌人”。

②博取对方的好感。服务顾问必须让对方觉得自己了解他的感觉，重视他的意见，从而产生“与我心有戚戚焉”的感觉。

③把对方嫌售后服务产品太贵的简单想法，变成对“花钱的价值”的探讨。

④技巧地把价钱问题转成“品质”和“服务”的问题。如果客户认为服务顾问说得有道理，那么他就不会再把重点放在价格上了。

⑤在问话中，强调汽车产品的好处能满足对方的需要，可以使原来有

“异议”的对方，接受建议，成为真正的客户。

（5）答案清晰有力，并具说服力

当服务顾问把客户的“异议”转换成问话后，还必须给这个问话一个清晰有力的答案，满足对方的需要，让对方确信购买某售后产品是一种正确的决定，否则客户的“异议”仍旧是一个无法解决的问题。

当客户的某些“异议”变成“同意”后，还要考虑到对方是否还有其他“异议”，怎么样才能知道客户还有没有“异议”？

最简单、最直接的方法就是请客户签订维修委托书。如果他签了单，服务顾问的推荐工作便成功了一半；如果他不肯签，就要再接再厉，问出原因，了解其他“异议”，然后再照着前面的方法克服“异议”。

签委托书来了解客户的“异议”是一种有效的方法，不要担心这样做会失去一位可能的客户，不去追根究底才真的会失去客户。如果客户的“异议”都已经消除，而他仍犹豫不决，不知道要不要购买某项服务项目时，服务顾问不妨以别人为例（这个“别人”，最好是对方认识并尊重的），例如“××公司张经理最早的感觉和看法也跟您一样，不过，他后来还是改变了主意，参加了我们公司的延保服务。”这样的说法能让对方觉得：第一，他并不是唯一；二，他所尊重的人也都买了，那他就更应该买了。

适当地运用“第三者的例子”对销售工作有很大的帮助，不过，用这个方法时要注意下列几点：这个第三者，确实是对方所尊重的；第三者的经历是确有其事而不是凭空捏造的；让对方觉得，如果他不像他尊崇的第三者那样改变看法，别人知道后可能会笑话他。

（6）问明对方是否满意你的答案

当服务顾问觉得你已经给出了清晰而强有力的答案后，还要问明对方是否满意这个答案。如果他说“不满意”，那表示还有某些地方做得不够好，必须再努力；如果他的答案是“满意”，那表示做法正确，努力也没有白费。这个时候，你就应该采取进一步的行动。

（7）采取进一步行动

当客户对服务顾问的答复表示满意时，服务顾问就要抓住机会，采取进一步行动，请他下决心购买本公司的某项售后服务产品。

2. 话术

异议处理核心话术流程如图7-5所示。

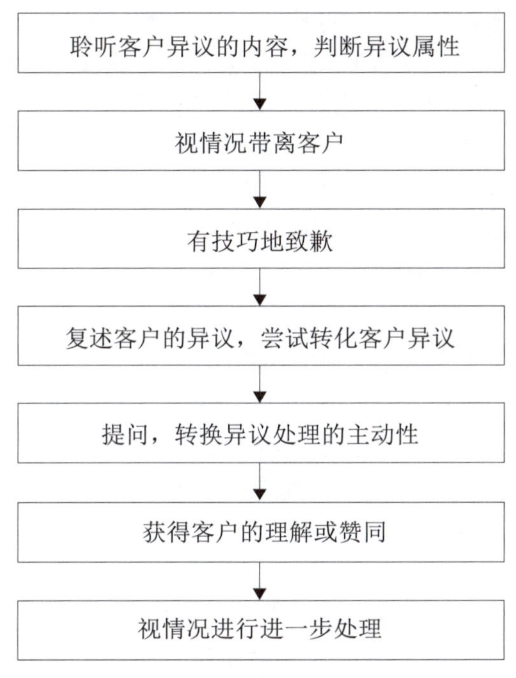

图 7-5 异议处理核心话术

3. 工作场景

“你们店的价格怎么这么贵？我之前在别的地方可从没有遇到过！”李先生有些郁闷地说。

张华：“抱歉，李先生，耽误您时间了。来，不着急，这边请，我带您到我们贵宾室喝点水，让我详细了解一下您的问题好吗？”说着，张华就把李先生带到了位于经销店二楼的贵宾接待室。这样，可以迅速缓和客户的紧张戒备心理，并降低他对其他客户的影响。

客户：“我可以说了吗？”“当然。您有什么问题尽管吩咐，我这里会尽全力帮您解决的！”张华表态很积极，并递上香浓的咖啡。

客户：“有你这态度我都不好说什么了，你们保养价格贵的太离谱了，我来店的时候没有注意，怎么比我之前做过的贵了近600块啊？”

张华：“李总，不好意思。我没记错的话，您的爱车这次是否做的是常规机油保养？”

客户：“是的啊，就换换机油这么贵？”

张华：“看来李哥您是行家啊？我今天遇到前辈了呀。”

客户：“哪里，我就是感兴趣，哪里小保养不都一样？”李先生听到赞扬，嘴角不由得的上翘了一下，这些表情张华都看在了眼里。

张华："李哥，正如您知道的，常规保养需要更换机油，但您也知道，除了更换机油还要更换机油滤清器，我们还对您的爱车的空滤、汽滤以及车辆底盘进行了全面检查，包括五个轮胎的气压已帮您恢复到了标准气压，并且剔除了轮胎台面上的小石子和碎玻璃等杂物。而这些工作都是免费的。"

客户："哪家店都是一样，都做这些的啊。"

张华："李哥，冒昧地问您一句，您上次在哪里保养的您的爱车？"

客户："为什么这么问？"

张华："因为我们师傅刚刚告诉我说，在对您爱车进行保养的时候发现那个换下来的机滤不像是原厂件啊？"

客户："不可能啊，我朋友介绍的，给我很优惠的。"

张华："李哥，您看，我们买东西不怕贵，怕就怕掏了钱还买不到真货是不？等一会我把那个旧件拿过来我们和原厂件一起对比一下，您就知道了。"

客户："我一定要找他算账去。"

张华："李哥，您也别上火。我们正规经销商是严格按照厂家要求进行作业的，您这次是第一次来我们店，要不这样，我给您一张储值卡，里面钱也不多，就图和您交个朋友，您要是有时间我带您去我们车间转转，咱们眼见为实好吗？"

客户："我怎么能不相信你呢？瞧你说的，小姑娘这么替我着想，我以后就找你了！"

张华："谢谢您的信任，以后我要有什么问题还要多请教您这位前辈呢！"

客户："不敢当不敢当，你带我去结账，不好意思折腾你这么久。"

张华："哪里的话，我还得谢谢您对我们工作的指导呢！以后您有什么事儿找我。"

说着，张华和满脸微笑的客户李先生走出了休息室。Well done!

小知识

异议处理的LSCPA法

LSCPA法又叫统筹处理法。

L指倾听（Listen）：倾听客户的担忧，确认真正的反对理由。通过倾听，可以弄明白客户异议的真实意思，从而有的放矢地处理它。当客户表示异议的时候，最好对客户说："请您等一下，我要对您的问题做个记录。"

S指的是分担（Share）：站在客户的角度为其分忧解难。因为在客户讲述完异议后，他预料到服务顾问会解释甚至反驳他的异议，此时，他感觉服务顾问是与他对立的，他为了面子不想被说服，一个不想被说服的人是无法被说服的。最有效的方法是表示对客户的尊重和同情，表明我们是为了解决他的问题，而不仅仅是为了向他出售产品，这样一来，在对方心目中，我们和他是站在一起的，他才会接纳我们。服务顾问可以通过"我也有同样的感受""我知道您的想法，您是担心……""有很多客户都这么说过，所以我不会感觉您讲得奇怪"等句子来开始说话。

C意思是澄清（Clarify）：对于客户的担忧加以解释，以确认问题的真正所在。客户提出的异议必然是杂乱和枝蔓的，甚至是扭曲和隐藏的。此时，服务顾问急于处理客户异议，必然也会陷入杂乱和枝蔓的状态，甚至说了半天却不是客户真正关心的问题，以致于浪费了时间，还可能使得整个推销活动功亏一篑。通过归纳和复述帮助客户理清自己的思路，剪除那些无效、枝蔓的异议，可以让我们的解释和处理更加有的放矢。

P指陈述（Present）：针对客户的忧虑，提出合理的建议。所谓的解释，是向客户进一步说明产品或销售政策，而方案则是一种交易的主张，比如优惠、打折或提供一些服务等。如："我有一个建议，不知您觉得是否可行？""前面我们已经确认了您的需要，您对……还有疑问是吗？""您看我们是否可以尝试……""另外一种可能性就是……""关于这个问题，您看我们是否可以……""既然我们双方都很有诚意，您看是否可以各退一步呢？"

A则是要求（Ask）：对于提出的建议，要征求客户的最终同意，使客户觉得"所有这些是自己的选择，我的想法很高明"。服务顾问可以说："您是觉得这种方案更好，是吗？您真是好眼力！""您更愿意选择哪种方式呢？"这样做可以让客户有受重视的感觉。

LSCPA法在处理异议的过程中被广泛推崇，是因为客户在购买产品时总是顾虑重重，而用这种方法处理有助于化解分歧，达成共识。

第三节　投诉处理

一、客户投诉

客户投诉是顾客对产品质量、维修品质、服务质量或价格等感到不满而抱怨，从而要求企业负责处理或提供相应的弥补措施，或寻求其他相关单位协助安排处理的行为。

客户投诉是一种正常的现象，有期望才会有投诉，客户选择投诉说明客户对企业与产品仍存有信心与期望。调查数据显示，大约在25名不满意的顾客中，只有1名顾客选择投诉，其余24名顾客不会去主动投诉。选择投诉的顾客与不满意的顾客之比约为1∶25。反之，如果接到1个顾客投诉，就表明可能有25名顾客不满意。而另一方面，一个不满意的客户会把他不满的态度告诉10个人，10个不满意的客户会造就100个不满意的新准客户，其破坏力是不可低估的。因此，投诉并不可怕，最可怕的是，当客户不满意时，选择放弃企业。 如果处理好客户的投诉，70％的客户还会继续购买，如果能够当场解决，95％的客户会继续购买。

我们必须正确对待客户投诉，从客户投诉中捕捉市场信息，弥补汽车服务企业的管理漏洞。客户投诉是市场信息来源的重要部分，客户的喜好如何？竞争对手的目标如何？当产品与竞争对手产生距离时，当产品与客户需求相背离时，企业都会受到投诉。客户投诉是企业与客户之间的桥梁，因此，只有树立正确的客户投诉观，把客户的投诉看作是客户对企业产品与服务的鞭策，从客户投诉中了解客户的真正需求，才能找出企业在工作或产品中存在的不足，持续改善，不断提升产品和服务质量。

二、客户投诉的类型

按照顾客投诉内容，可以把顾客投诉划分为：服务类、产品质量类、维修技术类、配件类。

1. 服务类投诉

主要因服务质量和售后索赔导致，服务网点在接待顾客时，未能达到顾客的期望值，如顾客等待时间过长、服务态度不良、服务热情不够、服务欠规范、说明解释不清楚、索赔条件未明确沟通、未按约定时间交车等。

2. 产品质量类投诉

主要由于设计、制造或装配不良所产生的质量缺陷。案例：刘先生夫妇刚买的一辆新车，行驶了700km，还未上牌照（其他手续已经办完），就发现变速箱故障报警，且行驶困难。经检查发现变速箱挡位开关损坏，更换后问题解决，但是刘先生夫妇执意要求换车。

3. 维修技术类投诉

因服务企业维修技术较弱，导致车辆未能一次性修复。

4. 配件类投诉

主要包含配件供应、配件价格、配件质量等产生的投诉，如在维修过程中，未能及时供应车辆所需配件；配件价格过高；对配件或附加配件的外观质量或耐久性不满等问题。

三、客户投诉处理技巧

1. 处理客户投诉的原则

（1）处理心情为先原则

处理客户投诉的总原则是“先心情，后事情”，即“先处理情感，再处理事件”。处理顾客心情，应耐心倾听，同情理解，缓解顾客情绪；处理事情，应确认问题所在，提出解决方案，快速有效处理。

应注意先处理心情，再处理事情，不回避，第一时间处理；了解客户背景；找出原因，界定控制范围；取得授权；必要时让上级领导参与，运用团队解决问题；不作过度承诺。

（2）了解客户需求原则

不同客户有不同需要，只有了解他们的需求，才能帮助解决问题。客服若不了解投诉客户的需求，只按照自己的意图来解决投诉问题，不仅无法真正解决客户反映的问题，反而可能造成投诉升级。客户选择投诉，或是希望服务企业能认真对待顾客，尊重顾客，或是希望服务企业能对反映的问题立即采取行动，或做出赔偿和补偿，惩罚过失者，消除问题，采纳顾客的建议等。客服只有了解了投诉顾客的需求，针对性地进行处理，才能化解顾客的不良情绪。

（3）坚持三换原则

换当事人。当客户对提供服务的服务人员不满，再让该服务人员出面解决问题，客户就会先入为主，不但不利于问题的解决，有时还会加剧客户的不满。因此换一个有经验、有能力、职位高的主管，会让客户有受尊重的感觉，有利于问题的圆满解决。

换场地。当顾客前来投诉，一定是怒气冲冲，甚至吵吵闹闹的，而接待区人来人往，会给其他客户带来不好的印象，影响汽车售后服务企业形象。服务专员把客户请到办公室或接待室，将有利于问题的解决。

换时间。如果已经做到了前面的“两换”，却还没有解决问题，客户依然投诉不停，说明客户的积怨很深，就要另约时间，找一个比原来更高一级的主管处理问题。

2. 客户投诉处理程序

投诉处理应维护品牌形象，维护企业有形、无形利益，维护顾客满意度与忠诚度，在极力控制投诉案情并避免扩大的前提下，按以下处理程序进行：

（1）记录客户投诉内容

利用《客户投诉登记表》详细记录客户投诉的内容，如投诉人、投诉对象、投诉的要求等。

（2）判断客户投诉是否成立

了解客户投诉的内容后，要判断客户投诉的理由是否充分，投诉要求是否合理。如果投诉不成立，可以用委婉的方式答复客户，取得客户的谅解，以此消除误会。

（3）确定投诉处理部门

根据客户投诉的内容，确定具体受理部门和受理负责人。

（4）投诉处理部门分析原因

要查明客户投诉的具体原因及造成客户投诉的具体责任人。

（5）提出处理意见和方案

根据实际情况，参照客户的要求，提出解决投诉的具体方案，如退货、换货、维修、赔偿等。

（6）提交主管领导批示

对于客户投诉问题，领导应予以高度重视，主管领导应对投诉的处理方案一一过目，及时作出批示。

（7）实施处理方案

及时实施处理方案，对直接责任人应处理得当，通知客户，并尽快收集客户的反馈意见。

（8）总结评价

对客户投诉处理过程进行总结和评价，吸取经验教训，提出改善对策，不断完善企业经营管理和业务运作流程，提高服务质量和水平，降低投诉率。

工作情景案例

罗先生到某汽车服务企业做汽车保养，恰逢企业业务高峰，约半个小时后才有服务顾问过来接待他。在保养中，服务人员未征得罗先生的同意增加了保养项目，导致结算时，原估算的费用增加了300元。罗先生特别郁闷，于是便向企业客服投诉。如果你是接待罗先生的客服工作人员李新，你将如何处理李先生的投诉?

1. 流程

（1）安抚顾客情绪，平缓顾客心情；

（2）认真倾听，了解投诉的内容，并做好记录；

（3）确定投诉处理部门，分析原因；

（4）提出处理意见与方案；

（5）报交批示；

（6）实施处理方案；

（7）总结归档。

2. 话术

“罗先生，您先请坐，我理解您的心情，别着急，慢慢说。”

“罗先生，因业务繁忙，人员协调不畅，让您久等，实在抱歉，是我们的工作没到位，请您谅解。”

“罗先生，我们服务顾问未能在第一时间征得您的同意，新增了维修项目，增加了您的维修费用，对此，我深表歉意。”

“罗先生，我向车间了解了您的爱车增加的项目，的确是需要的，但没有及时告诉您，是我们工作的失误。要不我申请为您本次的维修费打个折扣，您看如何？”

“另外，罗先生，为了避免非维修等待时间，我建议您下次预约，这样可大大节省您的宝贵时间，我们也可以提前做好各项准备工作。”

3. 工作场景

“你们店太黑了，原来说好的800多元，现在凭什么增加到了1000多元！”罗先生怒气冲冲地对着客服吼叫。

小李赶忙迎上前，“罗先生，我理解您此刻的心情，什么事，您慢慢说，我一定想办法帮您解决。”

听小李这么说，罗先生平静了一些，“我是来店做10000km保养的，服务顾问说好800多元，现在竟然要1000多元了。”

“噢，我马上了解一下是什么原因导致维修费用增加的。您别着急。”

小李立即拨通了服务顾问的电话：“小张，罗先生维修费用为何会增加？”

小张小声地说：“新增加了一个项目，左前大灯破了，更换了一个大灯，事情太多，忘记与顾客确认了。”

“罗先生，我了解了维修费增加的原因，是您的灯泡破了，换了一个左大灯。我们服务顾问未能在第一时间征得您的同意，新增了维修项目，增加了您的维修费用，对此，我深表歉意。”

“罗先生，灯泡破了，的确是需要更换的，但没有及时告诉您，是我们工作的失误。要不我申请为您本次的维修费打个折扣，您看如何？”

罗先生点点头。

“罗先生，您可真是有气量的人。”

“另外，罗先生，为了避免非维修等待时间，建议您下次预约，这样可以大大节省您的宝贵时间，我们也可以提前为您的爱车做好工位、技师、配件的准备。”

“好的。”罗先生满意地说。

送走罗先生，小李整理了罗先生的相关投诉材料，并在处理报告中建议要进一步加强规范工作流程的执行与考核，同时加强对预约的宣传，做到“削峰填谷”，促使资源利用更加合理，从而推进售后服务工作的有序性与计划性。后续，小李将进一步做好对罗先生的回访工作。

4. 客户投诉案例处理分析

（1）产品的缺点

李女士刚买车不久，就发现车辆在发动机运转到2000转左右起步时会发抖，其他转速下都正常，李女士多次去4S店维修，但她的车还是会抖动。维修技师告诉她，这是车辆设计问题，是“胎”里带出的毛病，根本修不好，李女士非常不安，要求退车。

分析：即使是产品设计问题，经销商也不能不负责任直接地告诉客户是车辆设计有问题，必须消除顾客对车辆安全性的担忧。

处理方法：请维修技师进行检测、试车，确定问题所在，若确实是车的共性问题，服务顾问可以这么说：“李女士，我们的维修技师已经对您的爱车进行了全面检查，同时进行了电脑检测与路试，车子确实在2000转左右有轻微的震动，但这并不影响安全。车由上万个零部件构成，因此在某一转速时会有轻微震动是属于正常的，您不必为此担心。我建设您在2500转至3000转左右换挡，避免车共振的产生，而且您还会感到起步更加有力，实验证明，这样的操作并不费油。”

（2）修理质量

赖先生的车已经驾驶了4年70000km，最近，汽车的发动机无法启动了。4S店帮他更换了发电机和启动机，可车辆有时还是无法发动。他又一次将车开到4S店进行维修，维修技师告诉他车太旧了。赖先生非常愤怒，他拨打了生产厂商的投诉热线。

分析：现在乘用轿车的平均使用年限是8年，赖先生的车并不是太旧，而是维修技师的技术不够全面。维修技师嘲笑顾客车太旧了，严重伤害了顾客的自尊。

处理方法：4S店应储备一些技术较全面的人才，当技师无法修理车辆时，应向其他技师或厂家技术援助部门求助，避免将问题归于车型和车辆使用年龄。

（3）零件和保养的价格

王先生将已经行驶到60000km的自动挡车开到经销店保养，服务顾问建议他进行变速箱的清洗，当他付款的时候，他十分惊讶竟然用掉了10瓶变速油，更重要的是，在此之前，没有人对维修工单进行任何解释，王先生感到被欺骗和利用了。

分析：服务顾问应该提前告知客户车辆的维修项目以及项目能带来的好处，并说明维修所需的备件及支付的价格，使顾客明明白白消费。

处理方法：在维修服务开始前，服务顾问应该对维修内容和维修报价作出解释，同时告知这样做能给顾客带来的好处。当车辆需额外增加服务时，服务顾问必须告诉顾客并征得顾客的同意，同时向顾客解释带来的利益及所需的费用。4S店应该将服务收费标准公布在接待区的墙上。

（4）维修等待时间长

张小姐的车和另外一辆车相撞，她将车送到4S店修理，并得到服务顾问在10天后交车的承诺。第9天，张小姐来到4S店查看修理情况，发现车辆还在车间，修理还没有完成。技师告诉她，他们正在等零件送达。这使张小姐很烦恼，因此她向厂家拨打了投诉电话。总部人员经过调查，判定这是由于网点订货失误，导致车辆无法按时交车。

分析：4S店应该信守承诺，按时交车。

处理方法：维修工作的安排十分重要，服务顾问在诊断和修理时间方面需要有足够的经验，向客户确定合理的交车时间，不要过短，也不要过长，同时也不能完全按照客户的要求制定工期，要学会影响客户的期望。由于零件缺货造成不能按时交车的，服务顾问应及时通知客户延长交车期，一旦确认所需零件到货，服务顾问应该立即组织安排维修，并及时向客户通报维修进度情况。维修技师应该一次性将所有需要的备件报全，避免二次订货。当修理工作在排班时间内不能完成时，应要求技师加班。若推迟交车不可避免时，应向客户道歉，同时尽量向客户补偿，如向客户提供代步车辆等。但最重的是避免同样的事情再次发生，尤其是发生在同一客户身上。

（5）服务人员态度

潘女士在离家最近的4S店购买了一辆新车，刚开了不到一个月，就发现前排乘客侧的电动车窗无法开启，为了方便，潘女士将车辆开到了她公司附近的4S店进行维修，因为买车时销售人员曾告诉她厂家承诺全国联保服务。但她进入公司附近的4S店做维修时，服务顾问态度冷淡，并让她回到当初买车的4S店进行维修。潘女士非常生气，先是打电话给买车的4S店确认，确认后又打电话给厂家电话进行投诉，并且发誓再不到这家服务站维修了。

分析：所有厂家的汽车产品都承诺为全国联保服务，甚至全球联保。因此汽车经销商必须支持这一承诺，并按照承诺办事，保证客户在所有同一品牌的汽车经销商处获得同一品质的优质服务。

处理方法：厂家所做的全国联保服务是对车主的承诺，所有的汽车经销商都必须信守承诺，这是厂家与经销商协议的一部分。经销商应热情对待每一位客户，凡来到店里的顾客都应按照厂家的保修流程及其他政策一视同仁，保证客户对本品牌的满意与忠诚。在不断争夺客源的今天，欢迎同品牌甚至其他品牌的客户来店维修是经销商工作的重中之重，通过热情接待和高品质维修可以培养、挖掘潜在的新车客户。

第四节 客户忠诚创造

一、客户期望

客户期望是指客户在接受服务之前对服务的一种预期，这种预期不仅包括对结果的预期，还包括对服务过程的预期。一般而言，客户期望是一种满意期望，即理想的、称心如意的、渴望的期望。

客户对汽车售后服务的期望划分为理想服务期望与适当服务期望。理想服务期望为客户想得到的服务水平——希望的绩效水平。理想服务是顾客认为“可能是”或“应该是”的混合物，它反映了客户的希望和愿望，没有这些，客户可能就不会消费。适当服务期望是在客户希望达到期望但又常常承认这是不可能的情况，他们对可接受服务的门槛有另一个低水平的服务期望，即客户可接受的服务水平。适当服务期望和理想服务期望间的差距被称为“容忍区域”，是客户承认并愿意接受该差异的范围。如果低于适当服务水平，客户会感到挫折，对公司的满意度降低；如果高于理想服务水平，客户会感到吃惊。

客户对汽车售后服务的期望主要有：维修保养汽车方便省心；维修服务顾问能关注客户的维修保养要求；能正确诊断，运用正确维修步骤一次性将汽车修好；能清楚全面地解释维修内容；能使用价格合理的纯正配件；在维修保养后的合理时间内给客户打回访电话。

二、顾客满意

1. 顾客满意

菲利普·科特勒认为，顾客满意是指“一个人通过对一个产品的可感知效果（或结果）与他的期望值相比较后，所形成的愉悦或失望的感觉状态”。因此，顾客满意度与顾客期望值有着直接的关系，是顾客期望值与顾客体验实际值的比较。顾客期望值与顾客体验实际值比照如表7-1所示。

表7-1 顾客期望值与顾客体验实际值

项目	含义	影响因素
顾客期望值	顾客在购买汽车产品或服务前对产品或服务抱有的内心期待	顾客原有的体验；他人的介绍；顾客所掌握的产品、服务信息
顾客体验实际值	顾客在汽车服务企业中，现实体验和感知所形成的感受值	服务环境；汽车销售人员的服务态度、服务水平；对汽车产品的现实感知

顾客期望值与顾客体验实际值的比较，可以使顾客产生满意、失望、感动三种不同的心理感觉，如表7-2所示。

表7-2 顾客期望值与顾客满意度的关系

期望值与实际值的大小比较	顾客心理感觉	顾客满意度
期望值 < 实际值	感动	十分满意
期望值=实际值	满意	满意
期望值 > 实际值	失望	不满意

若顾客对汽车产品或服务感到失望，产生不满意感，通常不会再光顾企业，更不会选择购买；当顾客感到满意或感动时，再次惠顾的可能性就会大大增加。因此，汽车服务企业和服务人员要尽量超越顾客的期望值，通过降低顾客期望值和提高顾客实际感受值来提高顾客的满意度。整洁舒适的汽车展厅环境、真诚热情的服务接待、及时有效解决顾客疑难、在最短时间内记住顾客姓名、在节假日为顾客送上祝福和小礼品等，都是有效提高顾客实际感受值的方法。

当然，顾客体验实际值越高，汽车服务企业的投入就会越多，而且随着顾客惊喜、感动的增加，他的期望值也在增加，因此，超越顾客期望值不是越高越好，在限度内，超越一点点，或比同行超越一点点，得到的效率才是最大化的。

2. 利用客户服务需求金字塔理论提高顾客满意度

客户对维修与保养服务的需求通常表现在质量、价格、时间、尊重、关爱等方面，呈金字塔结构。我们把这五方面分为基本属性需求与魅力属性需求。基本属性需求是顾客对售后服务的基本需求，对满意度的影响最直接；客户对质量、价格和时间的需求是经销商与厂商必须重视并努力满足的，否则会大大降低客户满意度。魅力属性需求是客户对售后服务的增值需求，越往上，增值作用越突出；在基本属性需求得到满足的情况下，魅力属性需求即使只有行业平均水平，也不会影响客户满意度，如果魅力需求也得到满足，则满意度会大幅提升；在基本属性需求得不到满足的情况下，即使厂商或服务商在尊重和关爱方面表现突出，也很难得到客户的认可。我们必须利用客户服务需求金字塔理论，分析五方面需求的具体表现，按服务需求的层次，针对性地改善服务质量与水平。客户服务需求金字塔如图7-6所示。

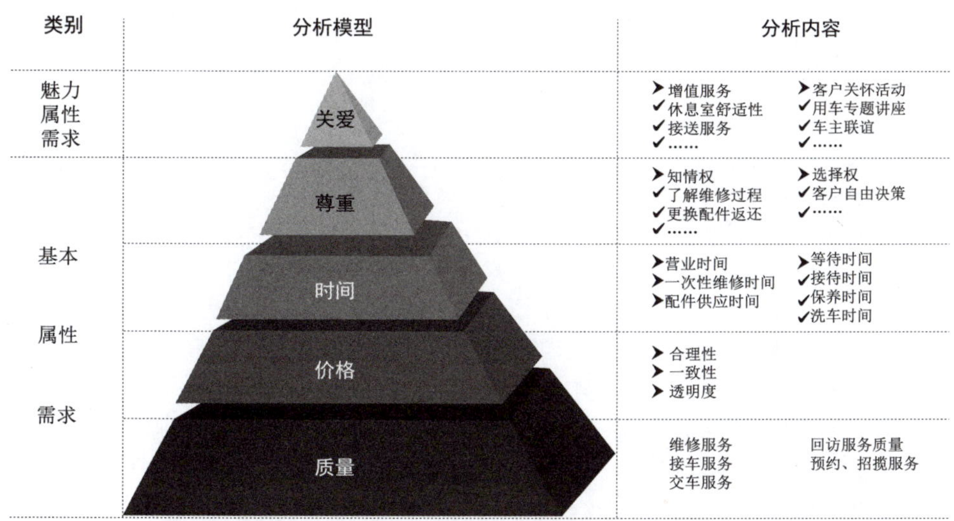

图 7-6 客户服务需求金字塔

三、顾客让渡价值

1. 顾客让渡价值的含义

菲利普·科特勒在《营销管理》一书中提出，“顾客让渡价值”是指顾客总价值（Total Customer Value）与顾客总成本（Total Customer Cost）之间的差额。顾客总价值是指顾客购买某一产品与服务时所期望获得的一组利益，包括产品价值、服务价值、人员价值和形象价值等。顾客总成本是指顾客为购买某一产品所耗费的时间、精神、体力以及所支付的货币资金等，因此，顾客总成本包括货币成本、时间成本、精神成本和体力成本。顾客在选择产品或服务时，往往会从价值与成本两个方面进行比较分析，从中选出价值最高、成本最低，即“顾客让渡价值”最大的产品作为优先选购的对象。顾客让渡价值影响因素如图7-7所示。

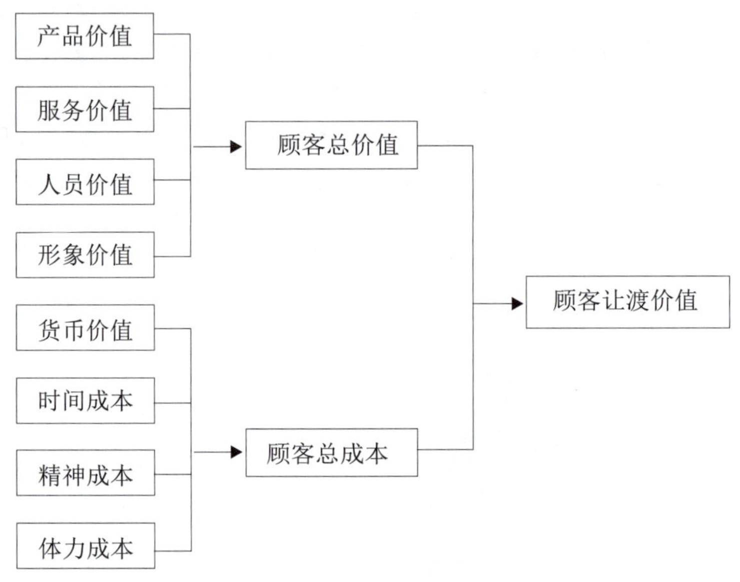

图 7-7　顾客让渡价值影响要素

2. 从价值和成本来提高顾客让渡价值

鉴于顾客让渡价值理论，企业一方面可以通过改进产品、服务、人员与形象，提高产品的总价值；另一方面可以通过降低生产与销售成本，减少顾客购买产品的时间、精神与体力，降低货币与非货币成本。

在提高顾客总价值方面，汽车售后服务企业应该丰富产品与服务的品种和式样，赠送安装、维修等附加产品；加强培训与考核，促使员工严格执行工作流程，提升业务能力与服务水平；打造整洁有序的维修接待区域和功能齐全的休息区，提升服务企业的硬件设施；组建专业扎实、训练有素的服务团队，打造一流服务人员形象，提升服务软实力。

在降低顾客总成本方面，可以通过积极引导与推广预约服务，节约顾客时间；提高维修技师的维修水准，减少返修的频率；通过7S等精细化管理方法，节约服务企业运作成本，减少顾客维修的货币支出；为顾客提供合理的维修保养建议，减少顾客用车的精力与精神成本。

四、客户忠诚

1. 客户忠诚含义

客户忠诚是指客户对汽车服务企业提供产品或服务的依恋或喜爱之情，主要通过客户的情感忠诚、行为忠诚和意识忠诚表现出来。其中情感忠诚表现为客户对企业的理念、行为和视觉形象的高度认同和满意；行为忠诚表现为客户再次消费时对企业的产品或服务的重复购买行为；意识忠诚则表现为客户对企业的产品和服务的未来消费意向。

一个忠诚的客户通常有以下特征：有规律地重复购买；愿意购买供应商的多种产品和服务；经常向其他人推荐；对竞争对手的拉拢和诱惑具有免疫力；能够忍受供应商偶尔的失误，而不会拒绝再次光顾。

忠诚客户在进行购买决策时，会多次表现出对某个企业产品和品牌的偏向性购买，成为企业最有价值的客户。客户忠诚的小幅度增加会导致利润的大幅度增加，因而建立客户忠诚是实现持续的利润增长的最有效方法。企业必须把做交易的观念转化为与消费者建立关系的观念，把对客户的争取和征服转为保持客户的忠诚与持久。

2. 客户忠诚策略

在对顾客满意与顾客忠诚的传统认识中，顾客满意与顾客忠诚是高度相关的，如图7-8所示。但研究表明，顾客满意并不是影响顾客忠诚的唯一因素，即使顾客满意度很高，也不意味着顾客一定会再次购买本企业的服务与产品。美国汽车制造商的顾客满意度都超过90%，但实际再次购买相同品牌汽车的顾客只有30%—40%。这说明影响客户忠诚的还有其他因素。

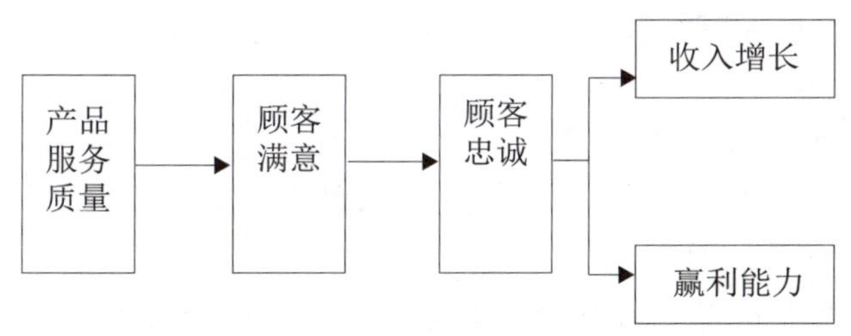

图 7-8 传统观念中顾客满意对顾客忠诚的影响

事实上，顾客忠诚除受顾客满意影响之外，还受顾客价值、关系信任、顾客转移成本诸多因素的影响。因此培养客户忠诚，应在满足客户需求的基础上，考虑顾客满意、顾客价值和顾客转移成本，创造更多的客户让渡价值，增强客户满意度，建立和加强客户关系，培育和形成客户忠诚。具体的客户忠诚策略如图7-9所示。

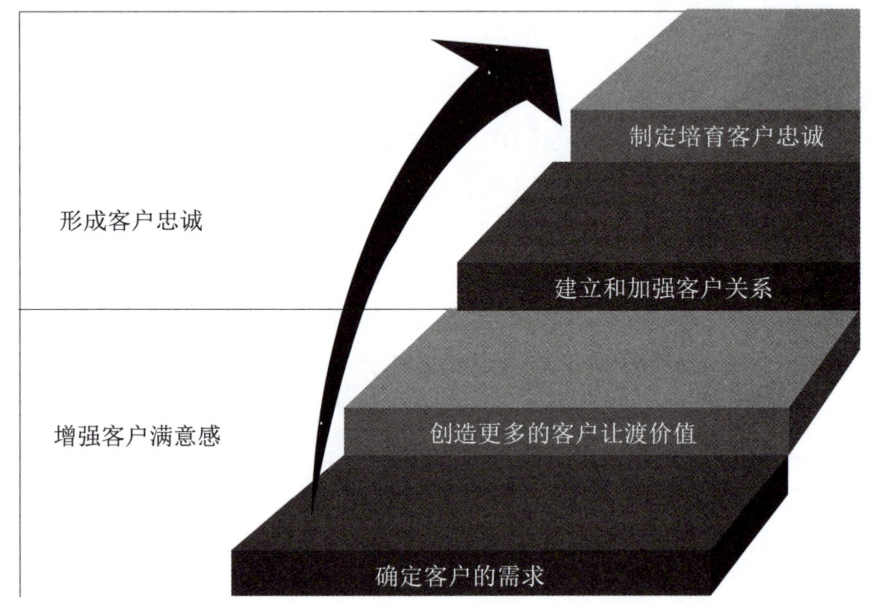

图 7-9 客户忠诚策略

3. 客户忠诚培养

（1）提升客户满意度

把握客户的期望，针对汽车服务企业提供的特色服务，使客户在与服务企业的接触中感受到意外惊喜，以提高客户满意度；服务企业通过个性化服务，规范服务接待流程，定期对客户车辆使用与保养进行指导，在优质产品与服务中提升客户的感知度。

（2）提供客户奖励

对经常消费的客户给予奖励，定期或不定期举行积分兑奖超值回馈活动，向客户提供工时费、维修项目优惠，或赠送电器、日用品、车饰等。

（3）提高客户转换成本

汽车服务企业提供免费活动，如免费洗车（车身外表）、充气；免收换机油、机滤、空滤的工时费；免费全车打蜡；免费全车检查、电脑检测；免费提供保险、续保业务；保养工时费折扣；免费举行汽车知识讲座；定期组织联谊试驾自驾游活动等。通过这些免费活动“拴”住客户，增加客户转换成本，使客户对汽车服务企业产生依赖，一定程度上减少客户流失。

小知识

转换成本最早是由迈克·波特在1980年提出的，指的是当消费者从一个产品或服务的提供者转向另一个提供者时所产生的一次性成本。这种成本不仅仅是经济上的，也是时间、精力和情感上的，它是构成企业竞争壁垒的重要因素之一。如果顾客从一家企业转向另一家企业，可能会损失大量的时间、精力、金钱和关系，那么即使他们对企业的服务不是完全满意，也会三思而行。

（4）提升客户对企业的信任感

汽车服务企业通过服务承诺，如“严谨就是关爱”“真心伴全程”、24小时全天候服务、保证不同业务服务回复时间等，使客户感受到专业、周到和信赖，从而使客户对汽车服务企业产生信任和情感牵挂。

工作情景案例

王先生驾驶北京现代车已经一年了，他特别爱惜自己的车，每次保养都专门开车到市中心一家较大的北京现代4S店，但来回路上要花费较多时间。其实王先生居住地附近也有一家北京现代惠民4S店，但王先生有所顾虑，总觉得小地方的4S服务店没有大地方的让人放心。但王先生的朋友却多次推荐他去惠民4S店看看，他决定这个周六就去体验一下。服务顾问张华应如何做好接待工作，创造顾客忠诚?

1. 流程

（1）针对首次来店顾客，营造良好氛围，让顾客感到温馨、亲切，为与顾客建立关系奠定基础；

（2）心系顾客，尊重顾客，切实为顾客着想；

（3）严格执行工作流程，体现规范与专业。

2. 话术

“您好，我是惠民4S店的服务顾问张华，这是我的名片。本店开业三年，一直居北京现代经销店顾客满意度排名榜首。请问您本次来店是保养还是维修？”

“王先生，您的爱车保养大约还需半小时，现在是午饭时间，您是否在店内用餐？”

3. 工作场景

王先生驾驶北京现代车已经一年了，他特别爱惜自己的车，每次保养都专门开车到市中心一家较大的北京现代4S店，但来回路上要花费较多时间。其实王先生居住地附近也有一家北京现代惠民4S店，但王先生有所顾虑，总觉得小地方的4S服务店没有大地方的让人放心。但王先生的朋友却多次推荐他去惠民4S店看看。

爱车又到了保养的时间，王先生决定去试试。周六上午飘着雨，王先生驾车前往惠民4S店。刚驶入店门口，就有保安引导车辆进入接待区。服务顾问快步迎上前询问王先生："您好，我是惠民4S店的服务顾问张华，这是我的名片。本店开业三年，一直居北京现代经销店顾客满意度排名榜首。请问您本次来店是保养还是维修？"张华得体的仪表、亲切的微笑、热情的问候使王先生感觉这家店不错。询问张先生的相关信息后，张华铺上三件套，征得王先生同意后进入车内，开始环车检查，确认车辆状况。张华记录油量、行驶里程，提醒王先生保管好贵重物品，询问车辆使用情况，告之随车工具的使用，令王先生觉得接待他的服务顾问很专业。

因为王先生反映车辆行驶中发动机有异响，故张华安排进行路试。天正下着雨，张华熟练地撑起雨伞为张先生挡雨。在试车中，张华进行了仔细的问诊，初步确认了故障情况。

确认完相关的维修事项后，张华引导王先生来到休息区。张华简单介绍了休息区的各项功能，王先生发现休息区干净整齐，通过透明玻璃可以看到车间的情况。他在电脑前坐下，浏览新闻，快到11点时，张华走进来说："王先生，您的爱车保养大约还需半小时，现在是午饭时间，您是否在店内用餐？""好的，就在这里用餐吧。"王先生满意地回答。

王先生在惠民4S店的保养之旅改变了他之前认为小地方4S店服务不够专业的想法，现在王先生的爱车在家附近就能完成保养，车辆使用中有什么问题可以第一时间咨询张华，张华成了王先生的用车顾问。王先生现在经常向他的朋友和同事推荐惠民4S店："惠民4S店服务真不错，是维修保养的首选。"